まちづくり権

大分県・
日田市の
国への挑戦

弁護士（日田市行政訴訟弁護団長）
寺井一弘

花伝社

まちづくり権——大分県・日田市の国への挑戦◆目次

第四章　歴史的和解――「まちづくり」は地域の現場から

カバー・扉　写真提供
安岡敏雄「集団顔見世」
竹原憲朗「山が行く」
柳瀬尚子「おまつり」
『小京都日田の夏』（大分県日田市、社団法人日田観光協会）より

プロローグ

「法に叶《かな》い、理に叶い、情に叶う国であれ」

――この言葉は、昭和三〇年代に大分県においてダム建設に反対して「蜂の巣城」を作り上げ、国のあり方を問うた室原知幸翁が喝破したものである。大分県の日田市長である大石昭忠氏は、この言葉を日田市が国（経済産業省）を訴えた行政訴訟事件の大分地方裁判所と福岡高等裁判所の審理の冒頭において二度にわたって陳述した。二〇〇〇年六月七日に国が行った別府競輪の場外車券売場「サテライト日田」の設置許可処分は、日田市民の感情を無視し、地方自治の原理に違背したものであることから、司法の場においてその違憲・違法性を明らかにして欲しいとの熱き思いを込めて訴えたものである。

日田市は九州大分県の西部、福岡県筑後地方に接しており、面積二七〇平方キロメートル、人口六万三〇〇〇人、市の周囲を一〇〇〇メートル級の山々に囲まれ、市の中心部を筑後川の上流「三隈川」が流れる山紫水明、風光明媚な土地に恵まれたまちであり、「水郷《すいきょう》日田」として二〇〇〇年には国土庁から「水の郷百選」にも選ばれている。そして、日田市は、かつて徳川時代の経済・文化の中心であった天領であり、今もなお、その歴史と伝統を受け継ぎ、「人・まちの個性が輝き、響きあう共生都市」を将来都市像に掲げて努力しているまちである。

ところが、一九九六年に別府市は同市が主催する競輪の場外車券売場を「サテライト日田」と称して日田市内に設置することを企画し、溝江建設株式会社（本社・福岡市）がその事業を推進していることが明らかになった。

これを知った日田市は、市長である大石氏をはじめ、市議会、市民あげて「日田市のまちづくりにギャンブルはいらない」を合言葉に強力な反対運動を展開した。市議会では与野党全会一致で反対決議し、市民による署名運動は五万人以上に達するに至り、大きな盛り上がりを示した。

しかし、国は何の説明もないまま突如、二〇〇〇年六月七日に「サテライト日田」の設置許可処分を下した。折しも「地方分権一括法」が四月からスタートし、地方自治が中央集権型から地方分権の行政システムへ大きく変革し、文字通り二一世紀にふさわしい地方分権時代に向かっていこうという、その矢先であった。これに怒った日田市民は、その後も激しい反対運動を展開したが、状況を打開できないまま時が過ぎていった。

そこで、大石市長は、同年一二月に私の事務所を訪れ、国の不当な行政処分の取り消しができないかとの相談を持ちかけてきた。市長の「日田市民あげて反対しているにもかかわらず、国が設置の許可処分をなしたのは理不尽であり、どんなに考えても、納得できない」との熱くて強い訴えに心を動かされた私は、他の弁護士とともに本件訴訟を受任する決意を固めた。そして日田市と弁護団は、国のなした処分は、憲法の保障する地方自治権に基づく日田市の「まちづくり権」を真っ向から侵害する暴挙そのものであるとして、その無効確認と取り消しを求める行政訴訟を提訴した。

裁判の方は第一審の大分地方裁判所が「日田市に原告適格なし」の理由で門前払いともいえる「訴えの却下」をしたあと控訴審の福岡高等裁判所で審理が進められていたが、さまざまな経緯の中で昨年一一月一〇日に別府市長が「サテライト日田」設置断念を発表したことから、日田市は同日午後の法廷で、行政訴訟を取り下げることとし、事実上本件は解決を見るに至った。実に七年間にわたるたたかいであった。

私はこの間における日田市民の「まちづくり」にかける熱き思いとそれに向けての真摯なたたかいに学ばせてもらったことを踏まえ、その経過と「まちづくり権」提唱のもつ意義を少しでも多くの人たちにお伝えしたいと考え、本書を著わすことにした。

この本が、全国各地で憲法問題を考え、「まちづくり」に励んでおられる方々の一助となれば何よりの幸いである。

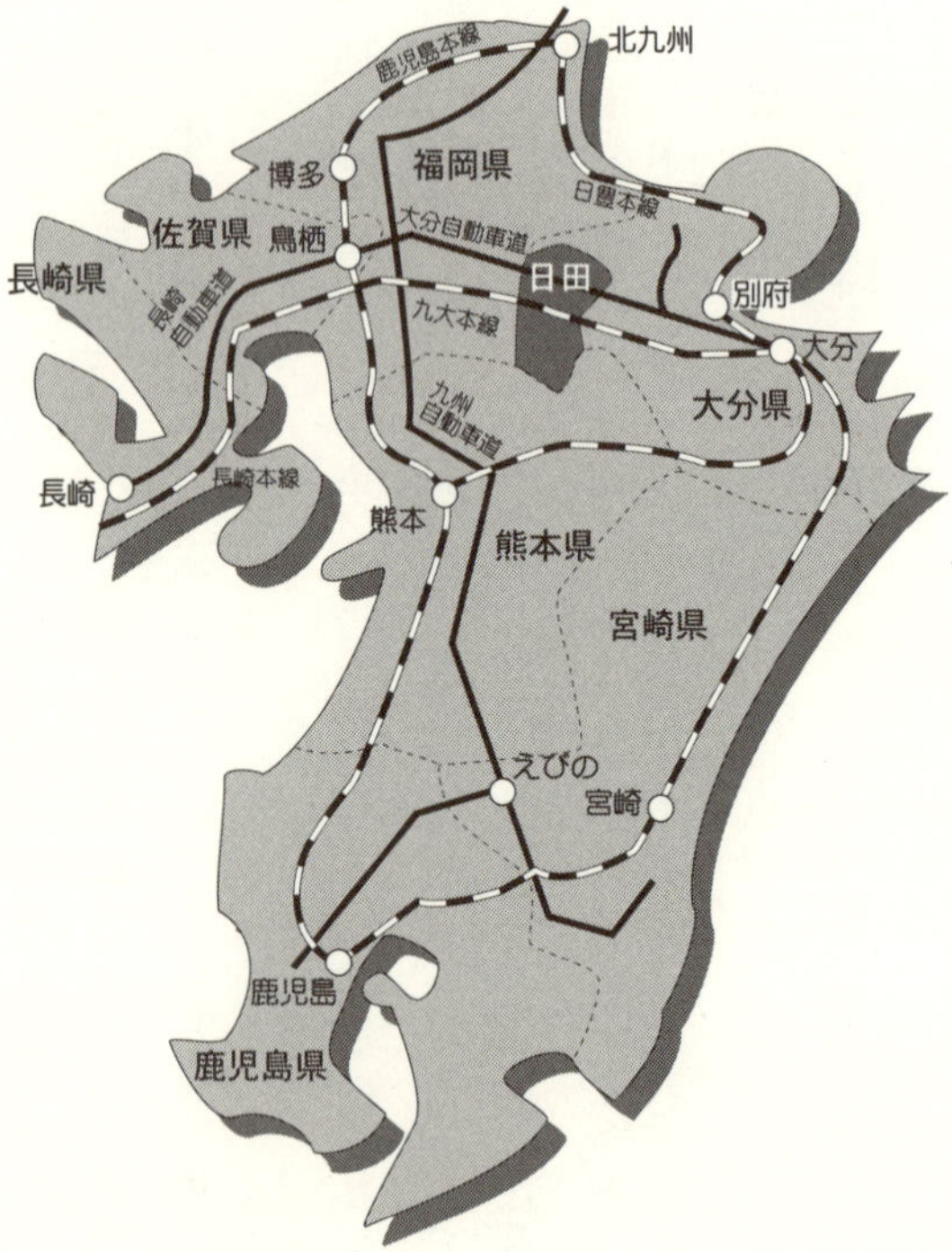
北九州
鹿児島本線
博多
福岡県
日豊本線
佐賀県
鳥栖
大分自動車道
長崎県
長崎自動車道
日田
別府
九大本線
大分
九州自動車道
大分県
長崎
長崎本線
熊本
熊本県
宮崎県
えびの
宮崎
鹿児島
鹿児島県

大分県・日田市（地図）

第一章　水郷《すいきょう》のまちが危ない

――人・まちの個性が輝き、響きあう共生都市

1　日田市長の訴え

日田市長大石昭忠氏の来訪

二〇〇〇年一二月二九日午後、市役所で前日に仕事納めをしたという大分県日田市長大石昭忠氏が、日野和則企画課長とともに私の事務所を訪ねてきた。日田市出身のＴＢＳテレビのニュースキャスター筑紫哲也氏の紹介ということだった。大石市長から「顔の広い筑紫さんなら誰かいい弁護士を知っているのではないか」と相談を持ちかけられたところ、筑紫氏は「私も困った時に相談に乗ってもらっている寺井弁護士がいいと思う。彼は同じ九州の長崎県出身で、日本弁護士連合会の事務総長の任期を終えたところなので力になってくれると思う」と言って私を推薦したとのことだった。大石市長はがっしりした体躯で精悍な顔つきをしていた。席に着くなり「どうしても『サテライト日田』設置を許可した国の処分が許せないので、居ても立ってもおられず東京までやってきた。面倒なお願いを急にするのはまことに申し訳ないと思っているが、何とか知恵と力を貸してもらえないか」と切り出した。柔和な表情ながら実直さを感じさせる日野課長は「正直言って今、足がガタガタして緊張している。何をどう言っていいかわからないが、とにかく助けてほしい」と口を添えた。私が「今日はたっぷり時間があるので、詳しいお話をお聞きしたい」と言うと、二人は後に述べるような「サテライト日田」をめぐる事実経過と日田市の基本的考えを資料に基づきながら丁寧に話し始めた。

大石市長、日野課長の人物像

大石市長は一九四二年に日田市で生まれ、地元の高校を卒業後、都会の生活に夢を馳せ、横浜国立大学に進学した。一九六六年に卒業した後、国際的に世界の舞台で仕事をしたいとの思いから総合商社「安宅産業」、「イトマン」で働いてきた。当時、両社とも古い歴史と優れた業績を持った老舗商社といわれていたが、思いもよらない吸収合併という二度にわたる事実上の倒産という体験をした。辛酸をなめさせられたこの経験の中で大石氏が強く感じさせられたのは、トップのかじ取りが組織運営ではいかに大事であり、大勢の人々の運命を左右するかを身を持って知らされたことであると語った。

そして、大石氏は阪神淡路大震災や地下鉄サリン事件など衝撃的な大事件が起きた一九九五年に日田市長選挙に初めて立候補した。当時の日本経済が円高による循環的な景気デフレと金融、株式等による構造的な資産デフレが相互に波及し、深刻なデフレ基調にある中、日田市の経済も、基幹産業である木材関連産業を中心に景気後退が長期化して厳しい経済状況に置かれ、市政においても財政構造が硬直化し、財源不足が深刻化している状況にあった。かかる厳しい状況の中において、大学進学から市長選挙立候補までの約三〇年間、生まれ育った日田市を離れていた大石氏がなぜ立候補の決断をしたのか、その最大の理由は、日田市が水や緑あふれる自然と他に誇れる優れた歴史・文化に恵まれていることを再認識したからという。そして、森、水、歴史という類いまれな資産を生かし、日田市に住む人々が自信と誇りをもって住めるまちづくりを自分の手でやってみたいと決意したとのことであった。

また、学生時代を大都会で過ごし、就職してからも商社マンとして海外五〇ヵ国を飛び回り、外から故郷である日田市を見てきたからこそ、その思いがますます強くなったのだと感じているとも付け加えた。そして、これまで三回の選挙戦をたたかい、多くの市民の支持を受け、市長として九年目を迎え、「市役所は、市民への最大のサービス産業である」ことをモットーに、政治信条である「変革」「協調協和」「前進」を基本理念として市民に頼られ、分かりやすい市民本位の市政を推進し、市民が自信と誇りをもって住める都市づくりに全力を傾注してきたことを力強く語った。固い信念と豪腕の持ち主である。

一方の日野課長も日田市出身で、一九四九年生まれ、小学校の時から野球を愛し、日田高校の時はセカンドのレギュラーを務め、近畿大学へ進んだ。将来はノンプロ野球での活躍を夢見ていたが、運悪く一年後に肩を痛めてしまい、傷心のうちに大学を中退して故郷日田に戻ってきた。一年間の臨時職員を経て、一九七〇年四月に日田市役所に正式採用され、以後今日まで公務員として日田市のために尽力することとなった。一九九五年、日野氏が四五歳で社会福祉係長の時、市内の社会福祉法人の理事長が保育所措置費の不正受給をしていることを摘発した功績は高く評価されており、これを契機に同氏はますます日田市行政の透明化、職員の意識改革のために働いていくことに徹しようと決意したという。そして一九九七年四月から日田市役所総務部企画課に配属され、環境の国際標準規格「ＩＳＯ１４００１」を全国自治体で三番目に取得したプロジェクトチームリーダーとして力を発揮、第四次日田市総合計画の策定に関わった後、「サテライト日田」設置に関する事務を担当、市役所側の実質的現場責任者の立場でこの問題に取り組んできたとのことであった。もの静かだが、なかなかの熱血漢である。

日田市行政訴訟受任の決意

このような経歴を持った二人の話は文字通り熱く迫力に富んだものであり、直情径行型の私を魅きつけるに十分なものであった。窓の外を見るとすっかり暗くなり、新宿通りを走る車もまばらになってきた時間に至っていたが、私は「『サテライト日田』に関する事実経過と市長、課長の考えはよく理解できた。『二一世紀は地方分権の時代』と呼ばれる中でなされた国の許可処分は明らかに歴史に逆行するものであり、憲法で保障した地方自治の本旨を踏みにじるものである。国を相手とする行政訴訟は、原告適格（裁判を訴える資格）ではねられる例がほとんどで、まして地方自治体の原告適格論については過去の裁判で全くといっていいほど判断されたことがないと思われるので理論的に難しい問題を克服していかなければならないが、できる限りのご協力をさせていただきたい」と答えた。私のこの言葉を聞いた二人は、「ああ、東京までやってきた甲斐があった。これで明るい気持ちで正月を迎えられる」とほっとした表情を見せた。

この日は市長と課長の切々とした訴えを聞くことに徹しようと考えていた私は多くを語ることを控えていたが、内心では、地方自治体である日田市の意向を白昼堂々と踏みにじるような国のもとでは、地域の中で日々一生懸命働いている人達の生活や権利は一体どのように守られていくのだろうか、という思いも興じてきて、法理論はともかく、この日田市の訴えを真正面から受け止め、自分を賭けて精一杯の努力をしていく必要があるとの決意を固めつつあった。

私の所属するリベルテ法律事務所の「リベルテ」はフランス語で「自由」を意味し、フランス人権宣言の「自由、平等、博愛」から名付けたものであったが、その趣旨は、人々が何ものにも束縛されることなく「自由」に生きていくことをサポートするのが弁護士の役割の一つではないだろうか、ということだった。国の処分によって「まちづくり」の方向性を束縛された地方自治体が「自由」を取り戻していくたたかいに協力することは弁護士として当然のことと自覚しながらも、「大変な仕事を引き受けてしまった」というのも私の偽らざる実感であった。

大石市長と日野課長の二人の話を聞きながら受けたこの日の私の怒りと心のふるえは今なお強烈な記憶として残っている。

弁護団の結成

私は一九七〇年に弁護士登録以来、死刑事件を含め刑事被告人の弁護や困った人の生活と権利を守るための活動にささやかに携わってきていたが、このような本格的な行政訴訟を手がけるのは初めてであった。したがって、この重要な裁判は到底非力な私一人では担当できないと判断、古口章、中野麻美、藤井範弘、桑原育朗、木田秋津の五名の弁護士に協力を申し入れた。有り難いことに五名の弁護士は二つ返事で承諾してくれ、二〇〇一年一月初めには、私を団長とする日田市行政訴訟弁護団が結成された。その後、古口弁護士は内閣司法制度改革推進本部事務局次長として出向、木田弁護士はアメリカへの留学のため弁護団を離れることになったので二〇〇二年になってからは四名の弁護士でこの日田市行政訴訟の仕事を担ってきた。中野弁護士は女性の権利を守る弁護士として幅広く活動するかたわら、早稲田大学の非常勤講師を務め、藤井弁護士は、私が日弁連事務総長時代の事務次長で、現在は財団法人法律扶助協会の専務理事の仕事に携わり、桑原弁護士は人権のために地道な日常活動を続けるとともに、韓国、中国などの法律家とも交流する弁護士で、私としては敬愛するこの三人の弁護士とスクラムを組んで日田市の仕事ができることに勇気と誇りを感じていた。

こうして国を相手どった裁判闘争の火ぶたが切られたのである。

2　日田市とはどういう「まち」か

水郷と文化のまち

ところで、大石市長と日野課長が愛してやまない日田市とはどういう「まち」であろうか。

日田市は日本三大美林の一つである日田杉をはじめ緑豊かな山々に囲まれ、市内の中心部を水郷日田の象徴である三隈川が清らかに流れる、九州の「小京都」とも呼ばれる人口約六万三〇〇〇人の盆地のまちである。歴史的には、安土桃山時代に豊臣秀吉の直轄地として、さらに江戸期には徳川幕府の天領となり、九州の中心地にあたる地理的条件も幸いして、九州内の天領や諸大名を統括する「西国筋郡代」が置かれたことから、九州の政治、経済、文化の拠点として栄えた。また、幕府の庇護のもとに掛屋や御用商人等富裕な商人が台頭し、その経済力は「日田金」として広く九州一円にも及び、さらにこれらの政治や経済力を背景に江戸や長崎等と

勇壮に催される祇園祭

の交流も盛んで、日田独特の町人文化が花開いてきた。今も町のいたるところに昔の名残が散在しているが、特に一キロメートルに及んで電線を地下に埋設し、まち並みを江戸時代そのままに保存している「豆田町」の景観は圧巻である。

かたくなに受けつがれてきた伝統の技である小鹿田焼《おんたやき》も日田を語るに欠かせない。小鹿田焼は江戸時代中期から三〇〇有余年にわたり一子相伝により当時の技法そのままに窯の火を守ってきて、一九九五年には国の重要無形文化財保護団体の指定を受けている。

そして、盆地ゆえにことのほか暑い夏、日田っ子たちは祇園祭に沸く。一六六五年（寛文五年）に始まったこの祭りは、高さ一〇メートルにも及ぶ山鉾が勇壮な掛け声とともにまち中をかけめぐり、華やかな熱気につつまれ、観衆たちは夜中まで興奮して一つになる。

こうした風土が多くの人々を日田に呼び寄せ「水郷日田」「天領日田」と様々な愛称で親しま

れるゆえんとなっている。とにかく日田市は水郷《すいきょう》と評されるほど水がきれいで、「日本酒」「焼酎」など酒に関する企業が繁栄し、「ほろよいのまち」とも呼ばれている。二〇〇〇年三月にはサッポロビールの新九州工場ができ、年間一〇〇万人の見学客が訪れて「観光都市日田」の名所となっている。

天領の名残を残す時代行列

さらに日田市は古くから学問も盛んで、儒学者広瀬淡窓が開いた「私塾咸宜園」には全国から女性を含む五〇〇〇名近くの入門者があり、明治維新で活躍した大村益次郎や高野長英、長三州、日本写真術の開祖上野彦馬、後に総理大臣となる清浦奎吾、東京府知事の松田道之、検事総長横田国臣らの俊英を輩出したことでも広く知られている。淡窓は、一八一七年（文化一四年）に咸宜園を開いたが、当時の学問が士族階級に限定されていたことに反発し、士農工商の別なく全国民に門戸を開放した。約二〇〇年の歳月を経た今なお、偏差値主義の現代教育に警鐘を鳴らしている。

市内を流れる三隈川の清流

私は、この日田市行政訴訟事件を受任してから裁判準備や打ち合わせなどのため、二〇回以上日田市を訪れ、その度に合間を縫って、日野課長らから伝統文化の香りが残っている各所を案内していただいたが、私のような不粋の人間をも虜にしてしまうほどの魅力を「水郷日田」は持っている。コンクリートの塊のようなビルが乱立する大都会で生活している私には、はるか昔の長崎における高校時代以来の爽やかな命の洗濯の場所となっていたと言っても過言ではない。確かに日田のまちを歩いていると時の移ろいがゆったりとしているが、その分、人の息づかいや温かさが身にしみてくる。スピーディな経済競争のもと、あらゆる分野で合理性、物質性があくなく追及されている現代社会において、大きく忘れ去られようとしている人と人、

「水郷日田」の象徴である三隅川での鵜飼い

人と自然とのふれあいをひたむきに守り続けている文化が間違いなく日田には存在している。

私が親しくさせていただいていた詩人門倉訣氏はかつて「わたしたちは、心の上に胃袋をおいていないだろうか」との強烈なポエムを世に送ったことがあったが、妙にこの言葉が、日田にいる時の私に何度も思い起こされてならなかった。人間の心と生き方を大切にする日田市が、それにふさわしいまちづくりに必死に取り組んでいる、それが私の日田市に対する正直な印象であった。

日田市総合計画

そうした日田市が、ここ一〇年間以上にわたって中心に据えてきたのが、総合計画である。一九九〇年に策定された第三次日田市総合計画においては、日田市のあるべき姿とそれを実現するための方法などを明確に位置づけ、歴史、文化、自然の尊重を前提とした精神的な充足感を満たすための地域づくりをめざしていたが、現在の第四次総合計画においては、第三次総合計画と比較して、さらに歴史、文化、自然などの重要性をより強調している。経済的な豊かさとともに、豊かで多様な自然・風土や固有の歴史・文化、産業などを再認識し、これらの特色を最大限に生かすことによって、地域への誇りと高い満足感が得られる暮らしを実現することをめざしていこうとするものである。このため、人と人とがまちづくりなどのさまざまな場面で多くの関わりを持ちながら協働し、互いに助け、支えあう社会を築いていくことが重要となる。そこで、人と人、人と自然、人とまちなど、多様で豊かな関わりあいの中から、市民が真に誇りと愛着を持ち幸福を実感できるまちづくり、人間性あふれた市民生活の実現を図るために、新しいまちづくりの基本理念を「自ら関わり、共に創るヒューマンシティ」と定めた。

二一世紀は「環境・福祉・人権の世紀」と言われている。人と人、人と自然、人と文化など、お互いが調和し、響き合う共生社会をめざすことが、これからのまちづくりの最も重要なテーマになるものと考えられる。

そこで、日田市の将来都市像として、第三次総合計画における「活力あふれ、文化・教育の香り高いアメニティ都市」をさらに発展させて、第四次総合計画においては、「人・まちの個性が輝き、響きあう共生都市」と設定した。

そして、将来都市像の実現をめざしつつ、市民生活を支え、市民の多様なニーズに応えるべく実施する諸施策を「まちづくりの大綱」として、分野ごとに体系的に定め、総合的なまちづくりを展開している。

その基本方針として、第三次総合計画における(一)歴史・文化を育むまちづくり、(二)自然を生かし、豊かな心と未来を拓くゆとりあるまちづくり、(三)みんなで進めるまちづくりの三点からさらに発展させて、第四次総合計画においては、(一)人と自然が共生する環境にやさしいまちづくり(自然環境)、(二)調和とうるおいのある快適で住みよいまちづくり(都市基盤・生活環境)、(三)地域の個性を生かし結び合う活力あふれるまちづくり(産業振興)、(四)健やかに生き生きと暮らせる安心・安全のまちづくり(福祉・健康・安全)、(五)郷土を愛し心豊かな人が育つまちづくり(教育・文化・スポーツ・人権)、(六)多様な関わりあいのあるまちづくり(地域運営)の六点を掲げた。

このまちづくりの取り組みに当たって、環境、都市基盤、福祉、教育、安全などあらゆる分野において、一貫してその根底にあるのは、先ほど述べたように日田市の古くからの自然の豊かさ、美しさ、独自の歴史、文化、風土など、日田市の個性そのものである。

日田市は、これらの個性を生かすため、行政、議会、市民が一体となり、都市基盤の整備や都市景観の形成に取り組んできた。近年他の市町村でもその策定に関心をよんでいる都市景観条例も一九九一年に作成するなど取り組んでいるが、特に日田市の第四次総合計画においては、市民の多くが計画策定段階から積極的に参画し、市民の手で市民自らが作り上げた総合計画となっている。

いわゆる地方分権一括法が二〇〇〇年四月からスタートし、ほぼ全省庁に及ぶ四〇〇を超える関係法律の改正が行われた。地方自治は、中央集権型から地方分権型の行政システムへと大きく変革し、今後は間違いなく地域主権の時代へと移行していく。まことに残念なことながら今回の「サテライト日田」事件は、そういう大きな時代の流れの中で惹き起こされたのである。

日田市の全景

第二章　「まちづくり」にギャンブルはいらない

――全市あげての反対運動

3 「サテライト日田」進出計画

設置計画を日田市が知る

別府市の場外車券売場「サテライト日田」設置計画を日田市が知ったのは、今から七年以上前の一九九六年九月三〇日であった。一〇月の定期異動の辞令交付式を終えた一〇月一日の午前一〇時一五分、「都市景観条例の件について」の緊急幹部会議が開催され、庁議室には、大石市長、首藤洋介助役ほか各部長、関係課長、担当者が皆神妙な顔つきで集まった。「また何か問題が起こったな」ということは、習慣上その場の雰囲気で感じられたが、この件がまさか、日田市のまちづくりを大きく左右する問題とは、出席者の誰もが予想だにしていなかった。

会議の内容は、福岡市にある溝江建設株式会社から、日田市都市景観条例第一四条（大規模建築物等の新築等の届出）の規定に基づき、同建設が所有しているアミューズメント施設内に、別府競輪の場外車券売場「サテライト日田」を設置したいという届出書が日田市都市計画課に提出されたという案件であった。

梶原英喜都市計画課長の話によると、前日の九月三〇日、突然別府市の職員二名が日田市役所を訪れ、「サテライト日田」についての情報提供と前置きしたうえで、「業者が、日田市に別府競輪の場外車券売場の計画を進めている。別府市もこの施設の使用を予定している」旨伝えたとのことであった。

受け付け窓口の都市計画課は、急遽、総務部長、建設部長、教育次長、総務課企画調整係など関係部署との内部協議を行ってその対応を協議した。その結果、この施設は文教都市を標榜する日田市にとってふさわしいものではなく、届出の方法等にも問題があるようなので、日田市としての基本的な考え方を明確にする必要があるとの結論に達し、市長を交えた幹部会議に諮ることとなった。

日田市幹部会議で反対の結論

そこで、この日の緊急幹部会議では、「サテライト日田」に関する経過、計画概要が主管課の都市計画課から説明があったが、大石市長は改めてこの問題を検討するにあたって、日田市のまちづくりの基本的方針、すなわち第三次日田市総合計画での二一世紀を展望するまちづくりの基本理念に基づいた、将来都市像の計画を確認した上で対処することを強調した。その当時、大石市長は、森林田園都市、文教都市、環境都市をめざす政治姿勢のもとに二期の選挙をたたかってきていたが、出席者からも、本施設は日田市のまちづくりにとって好ましくないとの意見が相次ぎ、たとえ緊急な法的対抗手段がなくても、とりあえず反対の立場を明確に表明すべきであるとの結論に達した。具体的な今後の取り組みについては、早急に調査や資料の収集にあたることとして溝江建設から届出のあった都市景観条例（大規模建築等の新築等の届出）に基づく協議済みの書類は、日田市として出さないこととし、必要であれば広く住民運動も視野に入れた取り組みを考えていくなど「断固反対である」との意思統一を行い、幹部会議を終えた。

日田市総務課課長補佐を兼ねる石松雅彰企画調整係長ら二名は、この幹部会議の結論を受けて、急遽、一〇月三日に許可権者の窓口である福岡市の九州通産局に事情聴取に出向いた。担当として出てきた車両競技係の職員は、「溝江建設からは、今年の五月頃場外車券発売所の設置に伴う事務手順や必要書類等についての問い合わせがあった。その折には、設置する場所は明言していなかった。正式に事前協議があったのは、九月三〇日であったが地元の同意は得ていると言っていた」と語った。石松氏らは「地元とはどういう範囲を想定しているか」と質問したが、九州通産局の職員は、「地元住民とは施設の設置場所や市町村の実態により若干異なるが、行政・議会・施設の地元住民等と認識している」と紋切り型の回答をした。そこでさらに日田市職員が、「溝江建設は、地元住民として四自治会から会長名で同意書を取っているようだが、これをもって地元が同意していると判断したのか」と問うと、「この資料を見る限り地元の自治会も住民との協議を踏まえて同意したと解釈され、約一ヵ月の短期間に地元住民の同意が得られたことは驚くべきものと考えていたが、今、日田市としての反対の意思表示を受けたことから、地元協議が整ったとは、直ちに判断できない状況とも考えられる」と答えたという。

後にわかったことであるが、溝江建設からは別府市に対して一九九六年七月下旬、「サテライト日田」を設置したいとの申し入れがあり、「地元との話し合いは十分行っているし、同意書も貰っているのでトラブルはない」という説明を受けた。別府市としてもこの「サテライト日田」の車券売場を設けることを決定したということであった。別府市は、競輪は昔と比べてイメージも雰囲気も大きく変わり、市民から敬遠されるような施設ではなくなってきているという認識のもと、近々大分市にも競馬の場外馬券発売所が設置される予定であることから、別府競輪の売り上げが大きく減少することが懸念されるので場外車券売場の日田市進出の意向を固めたという。

大石市長はじめ日田市役所の職員の誰もが、日田市の地元四自治会長の同意書提出という事実を知らされていなかったが、溝江建設が別府市に提出した「サテライト日田に関する同意書取得の経緯」と題する文書によると、日田市進出における仕かけは、すでに一九九六年五月ごろ地元周辺の四自治会長に対して行われ、サテライトのカタログや別府競輪の「サテライト宇佐」（大分県宇佐市）の写真等を見せながら、施設の状況、内容、さらには、設置による地域の活性化、地域への貢献等々の説明を行ってきたという。そして経緯書の最後には、「設置予定のアーバンピラミッドは、現レジャー施設を設置した時点から、特に地域住民にも喜んでいただくテーマパークにと思い開発を続けてきた。施設が充実していくことにより、地域の活性化に貢献、新しい雇用の創出はもちろん、そして何よりも店休日の施設の開放により、市のお祭り・各イベント・その他の催し物等に利用いただいた。地域住民の思い、配慮等の姿勢が、結果的に地元住民に喜んでもらえる状況の展開を続けており、これは特に、みぞえ不動産他現地スタッフの努力の賜物と思われる。以上のような設置予定の状況であり、特に地元住民の感情はきわめてよい。現在まで、何のトラブルもクレームも一切無い」と書かれていた。さらに、そこに添付されていた四自治会長の同意書には「この度、溝江建設株式会社が管理するアーバンピラミッド（日田市大字友田字荻鶴九八六ノ一）の施設内に競輪の場外車券売場が設置される件に関し同意したことを承認申し上げます」と自治会長の自筆の署名と自治会の公印が押印されていた。

また、この日の話し合いで九州通産局の車両協議係は「場外車券売場の設置状況については、九州地区の競輪場の数は七ヵ所であるが、昭和三三年以降の新設は認められていない。場外車券売場は、場外専用は三ヵ所で、大分県では別府競輪の『サテライト宇佐』が平成七年一〇月にオープンしている。宇佐には前売り専門の場外車券売場もある。通産局としては、自転車競技の振興の立場から、条件が整えば場外車券売場の設置を進めていきたいが、地元とのトラブルは極力避けたいとも思っている。自転車競技に対するイメージダウンや別府市への不満等が生じていくのは本意でない」と語ったので、日田市職員は日田市の反対の意思を再度伝えるとともに九州通産局の十分な行政指導と溝江建設の動きに対する情報提供等を強く依頼して日田に帰った。

反対運動の始まり

「サテライト日田」設置の動きを知った日田市は、この場外車券売場は同市のまちづくりの基本的な方向性やイメージなどからしてふさわしくないと判断し、これに反対していく態度を固めた。まず大石市長は一〇月二日に別府市の観光経済部職員が日田市を訪れてきた際に、まちづくりに関する基本姿勢を述べ、場外車券売場設置はこれにそぐわないものであるから計画を撤回するよう申し入れ、翌三日には九州通産局に対して、この問題については、日田市からも事情を聴取すること、そして「サテライト日田」設置については申請がなされても不許可とするよう強く要請した。こうして「サテライト日田」設置問題は、静かだった日田市に次第に波紋を広げていった。

そして一二月一一日の定例市議会において、桜木博議員が「サテライト日田」設置計画の事実経過の説明を求めたのに対し、大石市長は「別府競輪の場外車券売場は、日田市がめざすまちづくりにふさわしい施設とは到底考えられない。強く反対の意思を表明する」と明言した。

民間一五団体と市議会の「反対決議書」

一方、民間団体もいち早く行動を開始した。日田商工会議所は一二月一七日、青年会議所、連合育友会（PTA）、ライオンズクラブなど各民間団体の代表者一五人を集めて会合を開いた。商工会議所会頭武内好高氏が「業者はすでに地域住民の理解を得たとして手続きを進めているが、皆さんの意見を聞きたい」と発言を促すと、出席者から「場外車券売場は小京都と呼ばれる日田のまちづくりにとってふさわしくない」「パチンコ店も多く、これ以上ギャンブル施設はいらない」「青少年健全育成にも弊害が多い」などの意見が相次ぎ、最後に「サテライト日田設置反対決議書」を採決し、各団体が連名のうえで一八日に市長と市議会議長に提出した。その際武内会頭は「私たちは断固として反対することで一致しており、必要なら市民による署名運動も展開するつもりである」と強い決意を述べたが、大石市長は、「市としても反対であるが、民間の方々のこうした動きは大変心強い」と呼応した。この民間一五団体の「反対決議書」

は、その後の反対運動の原点を形づくるものでもあったので、その内容を紹介しておきたい。

サテライト日田設置反対決議書

このたび、日田市内において自転車競技法施行規則に基づく場外車券売場設置の計画がなされていると仄聞し、私たちはその是非について慎重に協議いたしました結果、この施設の設置に反対の意を表します。

二一世紀へ向けての日田市の「まちづくり」の基本理念は、ヒューマンシティを基調にした「活力あふれ、文化・教育の香り高いアメニティ都市」であります。

この理念を実現するための具体的な目標として、①若者が定住し、活力あふれる産業都市、②機能的で快適感あふれる中核都市、③健康で明るく、人間性豊かな福祉都市、④ロマンに満ちたうるおいのある文教都市、をあげています。

この度、計画されております場外車券売場の設置は、日田市がめざす「文化・教育の香り高い都市」の理念とは、相反する異質の施設であります。

各地に設置されている公益の競技場について、とやかく言及するものではありませんが、地方の小都市に常設の場外車券売場等が設置されますと、その周辺地域の住民が、競技開催期間を通じて、容易に、しかも休日を問わず利用することも懸念され、生活の基本となる最も重要な勤労意欲の減退を促すことも少なからず危惧されるだけでなく、青少年の健全育成の観点からも、決して好ましいものではありません。このことは、若者が定住し活力あふれる産業都市づくりとは大きく乖離するものであります。

また、日田市は、歴史・文化ならびに水と緑の自然を生かしたクリーンな観光都市づくりをめざしています。サッポロビール新九州新工場の進出が決定するなど、現在の日田市は、クリーンなイメージを全国に向けて発信し、新たな観光地づくりに向けて重要な時期を迎えています。

その意味からも、場外車券売場は、日田市のクリーンなイメージをそこない、決して好ましい施設とは思えません。万一、このたび計画されている車券売場が市内に設置されますと、将来、新たに公営競技の馬券や舟券などの場外売場の設置申請があった場合、日田市はそれらを阻む理由を失うことも予見されます。

以上の観点から、私たちは、今回の場外車券売場施設の設置につき、断固反対の意を表明しますとともに、それを阻止すべく、然るべきご配慮を賜りますよう、要望します。

平成八年一二月一八日

日田市長　大石昭忠殿

日田市連合育友会	会長	渡辺眞理
日田市連合青年団	団長	宮崎隆生
日田市女性団体連絡協議会	会長	矢野ます子
日田ライオンズクラブ	会長	楢原浩郎
日田すいめいライオンズクラブ	会長	森邦夫
日田ロータリークラブ	会長	佐藤武朗
日田中央ロータリークラブ	会長	川津邦和
日田国際ソロプチミスト日田	会長	小ヶ内テル子
日田市農業協同組合	組合長	諌山洋介
日田市森林組合	組合長	中島高義
社会法人　日田青年会議所	理事長	石井眞一
ひたマチづくり研究所	代表幹事	武内好高
日田商工会議所婦人会	会長	冨安順子
日田商工会議所青年部	会長	森山裕治
日田商工会議所	会頭	武内好高

これらの動きを受けて日田市議会も一二月二〇日、全員一致で次の決議を行った。

公営競技の場外車券売場の設置に反対する決議

日田市は、豊かな自然と歴史にはぐくまれた日田らしい魅力あるまちづくりのため「活力あふれ、文化・教育の香り高いアメニティ都市」の実現をめざしているところである。

このようななか、市内に公営競技の場外車券売場の設置が計画されているが、この計画は、日田市のめざすまちづくりビジョンの理念に相反するものである。また、青少年健全育成の観点からも好ましくない。

よって、本議会は日田市の将来を考え、一切の公営競技の場外車券売場の設置に市民とともに強く反対する。

右、決議する。

平成八年一二月二〇日

日田市議会

そして、大石市長は翌年の一九九七年一月一三日、当時の通商産業大臣である佐藤信二氏に対して、「サテライト日田」の設置に反対する要請書を提出し、「サテライト日田」施設の設置申請にあたっては不許可の裁断をするよう強く訴えた。

設置許可申請とその後の反対運動

ところが、溝江建設株式会社は、一九九七年七月三一日、九州通産局に、日田市大字友田に別府競輪の場外車券売場「サテライト日田」を設置することの許可申請をなすに至った。この間に設置業者である溝江建設と別府市との間でどのような話し合いがなされたのか、皆目検討がつかなかったが、これを知った大石市長は八月二〇日に溝江建設と別府市長あてに設置申請の撤回を求めるとともに、同月二八日に九州通産局あて、九月五日には本省の通産省機械情報産業局あてに申請を許可することのないよう申し入れた。その際、大石市長は、本件については、日田市議会及び市民団体一五団体によって決議がなされているなど行政・議会・市民が一丸となって反対していることを数々の理由をあげて説明した。これに対して九州通産局の車両課長補佐の高橋直人氏は「行政としては、正式書類での申請があれば不許可とすることはできないだろう」と述べ、大石市長らの懸念を増幅させた。案の上、九州通産局は九月一九日、通商産業省に「サテライト日田」設置許可申請書を進達した。

「何しに来たのか」──国への第一回陳情

この情報を前夜遅く得た大石市長は、急拠、担当部下に東京への出張を指示し、当時の企画課長川津三郎氏と日野氏の二人は一九日午後一時に通商産業省の機械情報産業局を訪れた。ところが対応した職員は「アポイントもなしでは話はできない。九州通産局を通じて来い」ときわめて高圧的な態度で日野氏らを一蹴して唖然とさせた。このまま引き下がって帰る訳にもいかない日野氏らは「一か八か」の思いで、衆議院議員畑英次郎氏を訪れた。畑氏は、一九六八年から一九七九年まで日田市長を務めたあと一九七九年に同市等を選挙区とする衆議院選挙に立候補、七期連続当選、農林水産大臣や通商産業大臣を経験した政治家であった。午後二時半に日野氏らは畑氏に面会することに成功、同氏は直ちに通商産業省に出向いてくれることを承諾してくれた。早速日野氏らは畑氏に同行して再び通商産業省を訪れたが、応じたのは先ほどの職員であった。驚いたのはその職員の態度がほんの二時間前とは一変していたことで、畑氏へ「わざわざ先生が来て下さるほどもございませんのに」と馬鹿丁寧に頭を低くして説明している姿を見ながら日野氏は「これが政治家と官僚の関係なのか」と複雑な心境に陥っていた。その日の会合では、畑衆議院議員から「サテライト日田」設置の許可をしないよう伝えてもらったが、通商産業省側からは、方向性についての明確な回答が得られないまま終わった。

その後も大石市長は別府市への働きを続けるとともに、一〇月一七日には設置業者である溝江建設に対しても、日田市民あげて反対している「サテライト日田」の設置申請を直ちに撤回するよう訴え続けた。

日田市教育委員会でも一〇月二日、九州通産局に対して要望書を提出したが、その中で不許可とすべき理由について「一般的に公営競技の車券や馬券並びに舟券売場の設置は、青少年にとりまして『射幸心』を煽ったり『非行』の温床になることなど、青少年の健全な育成をめざす社会教育や学校教育からして好ましい施設とはいえません。このような中で、今回設置されようとしている『サテライト日田』は、当該校区の児童・生徒の通学路に面しており、さらに二キロ圏内には小学校（四）と中学校（一）並びに高校（二）の七校が立地しています。現在、地域をあげて健全育成に努めている立場からきわめて有害であり、本市のめざす教育行政と大きく乖離するものであります。また、本市には先の二校を含めて五つの高校があり、その営業時間のピークにあたる午後三時から五時までの間は下校時間にあたることから高校生の健全育成の観点からもきわめて問題のあるところです」と述べ、場外車券売場によって蒙る教育的影響を具体的に訴えている。

四自治会長、同意書を撤回

日野氏はこの年の四月、企画課に配属されたが、最初の仕事は四自治会長が溝江建設に提出した「サテライト日田」設置に関する同意書を取り下げてもらうことであった。配属直後から四自治会長宅に日参し、取り下げの理解を求めたが、撤回の同意をもらうのに実に半年以上を費やし、とりわけ最後に取り下げに同意してくれた故大東由雄自治会長は、厳格な人柄で、「男が一度約束をした同意書は取り下げできない」とかたくなに断られ続け、しばらく会ってくれない時もあった。それにもかかわらず足繁く通っていくうちに少しずつお互いの心が打ち解け、ようやく同意書取り下げのサインを取りつけることができた。その大東氏も今は亡き人となったが、「あんたも大変やったね。頑張りなさい」と笑顔で語りかけ、自宅前の軽トラックに積んであった収穫したばかりの椎茸をもらったことを今でも忘れないと日野氏は言う。

そしてついに、一〇月三〇日、設置同意書を提出していた施設周辺地区の北友田など四自治会長がその同意書を取り下げる意思表明を溝江建設に提出するという新たな事態の変化が起こった。その書面には、「同意書を提出したあと、行政、市民一五団体、市議会等々市民総意の強い反対運動が展開されており、このような著しい状況変化に鑑み、日田市における連帯、信頼、協力の観点から取り下げることにする」旨記述されており、一年間にわたる日田市民のたたかいがいかに強烈なものであったか、如実に物語られている。それまで態度表明を躊躇していた一二七自治会の連合体である「日田市自治会連合会」もこれを受けて一一月三日に日田市中央公民館会議室で緊急理事会を開催して「サテライト日田」設置反対を決め、市や市議会、民間団体と足並みを揃えて運動を進めていくことになった。大石市長は「これで文字通り、日田市あげてのたたかいになった」と感じたという。

4 「サテライト日田」とは何か

場外車券売場「サテライト日田」の概要

ここで、水郷都市である日田市がその設置に強く反対している「サテライト日田」とはいかなるものか、その概要を説明しておきたい。

場外車券売場「サテライト日田」の建設予定地は、日田市の中央地域に属する日田市大字友田という、日田市を東西に貫通する幹線国道三八六号線沿線部である。この地域は、農地（宅地見込地）と宅地が混在し、建設予定地の周囲二キロメートル圏内には、小学校四校、中学校一校、高校二校の計七校の学校が所在し、これらの学校に通う児童、生徒の通学路に本件予定地が存在している。

敷地面積は約四〇二〇平方メートルで、約四〇〇台分の駐車場を有し、鉄骨造三階建て、床面積約二四三〇平方メートルの建物であって、館内には、一階から三階まで吹き抜けとなった

「サテライト日田」の建設予定地

部分に巨大なスクリーンが設置される。そして、ここに映し出される勝敗の結果を、一階に一五〇席、二階に一一二席、合計二六二席設けられた座席、及び、その倍数の立見席の観客が固唾《かたず》を飲んで見守ることになるのである。

実際の競輪場では、肉眼では詳細まで見届けることができない座席が圧倒的であるが、場外車券売場においては、拡大された巨大な映像が大型スクリーンに映し出され、実際の競輪場以上の臨場感が作り出される。

溝江建設及び別府市は、本件場外車券売場において開催日の入場者を一日に四〇〇人、一人当たりの車券購入を一日三万円と推定している。この場外車券売場による車券の発売日は、別府市主催別府競輪のものが七二日、これ以外に「他場特別レース」と呼ばれる別府競輪以外の競輪場での開催が七二日であり、合計すると、一年三六五日のうち一四四日間、発売されることが計画されていた。

推定売上額は年間一七億二八〇〇万円であり、このうち七五%は払戻に当てられ、四%が溝江建設への本件場外車券売場の賃借料として支払われ、日本自転車振興会などへの納付、日田市への地元協力金一%などが控除されたあと、約一一%が別府市の収入となることが予定されている。

そして、この「サテライト日田」における年間一四四日、すなわち二~三日に一日の割合で開催されるレースの度に、一日に平均四〇〇人もの入場者が本件場外車券売場に集まり、年間延べ五万七六〇〇人という日田市の人口にほぼ匹敵する人間が賭博に興ずることになる。

「ギャンブル・競輪」の弊害

そうなると、日田市は次のような影響を被ることになる。

まず、賭博が人々の勤労意欲を著しく減退させて健全な地域経済の発展を阻むことはよく指摘されているところであるが、日田市のような人口規模のまちに場外車券売場が設置されれば、日田市の地域経済に否定的な影響がもたらされ、そうなれば日田市の財政にも大きな危機がもたらされる。

次に、日田市へ賭博に興じる人々が集うことにより、車券が当たって配当金を得た者が繁華街等に繰り出したり、逆に外れて帰路につく人々の俗に言う「おけら街道」が出現し、周辺地域に享楽的、頽廃的傾向が蔓延することは現実的な危惧である。前述のとおり本件場外車券売場の予定地は周囲二キロ圏内に七つの学校があり、「サテライト日田」前の通路は通学路ともなっている。そのため、このことが現実のものとなれば青少年に直接・間接に悪影響を及ぼすことになる。

さらに、駐車場から溢れた入場者の車両が周辺路上に氾濫し、あるいは公私の駐車場を不法占拠して、周辺地域の環境が害されるとともに、深刻な交通渋滞が起こることも必至である。特に、入場者の増加が見込まれる土曜、日曜、祝日などは、その被害は一層甚大となる。したがって、場外車券売場の存在自体が、日田市の推進する、人と人、人と自然、人と文化が調和し、響き合う共生社会をめざしたまちづくりとは相容れないものであり、これが設置されることによって、住民自治を貫いて決定してきた日田市まちづくり計画の推進は完全に不可能になってしまう。大まかに言って、これが日田市民の「サテライト日田」設置に反対する理由であった。

突然の設置許可処分

一九九六年一〇月の「サテライト日田」設置計画公表以来、日田市あげての反対闘争が繰り広げられ、一九九七年七月の設置申請から約三年間経過してきたことから日田市民の気持ちの中に一種の小康状態のようなものが生じてきていた。

それは、四自治会長が同意書を撤回したあとの一九九七年一二月二日に、九州通産局より日田市に対して「別府市は場外車券を販売する計画を一時凍結する。今後の対策については時間をかけて十分検討したい」旨の連絡がなされていたことも影響していたと言ってよい。

そこに二〇〇〇年六月七日、日田市に激震が走った。国（通商産業大臣）が「サテライト日

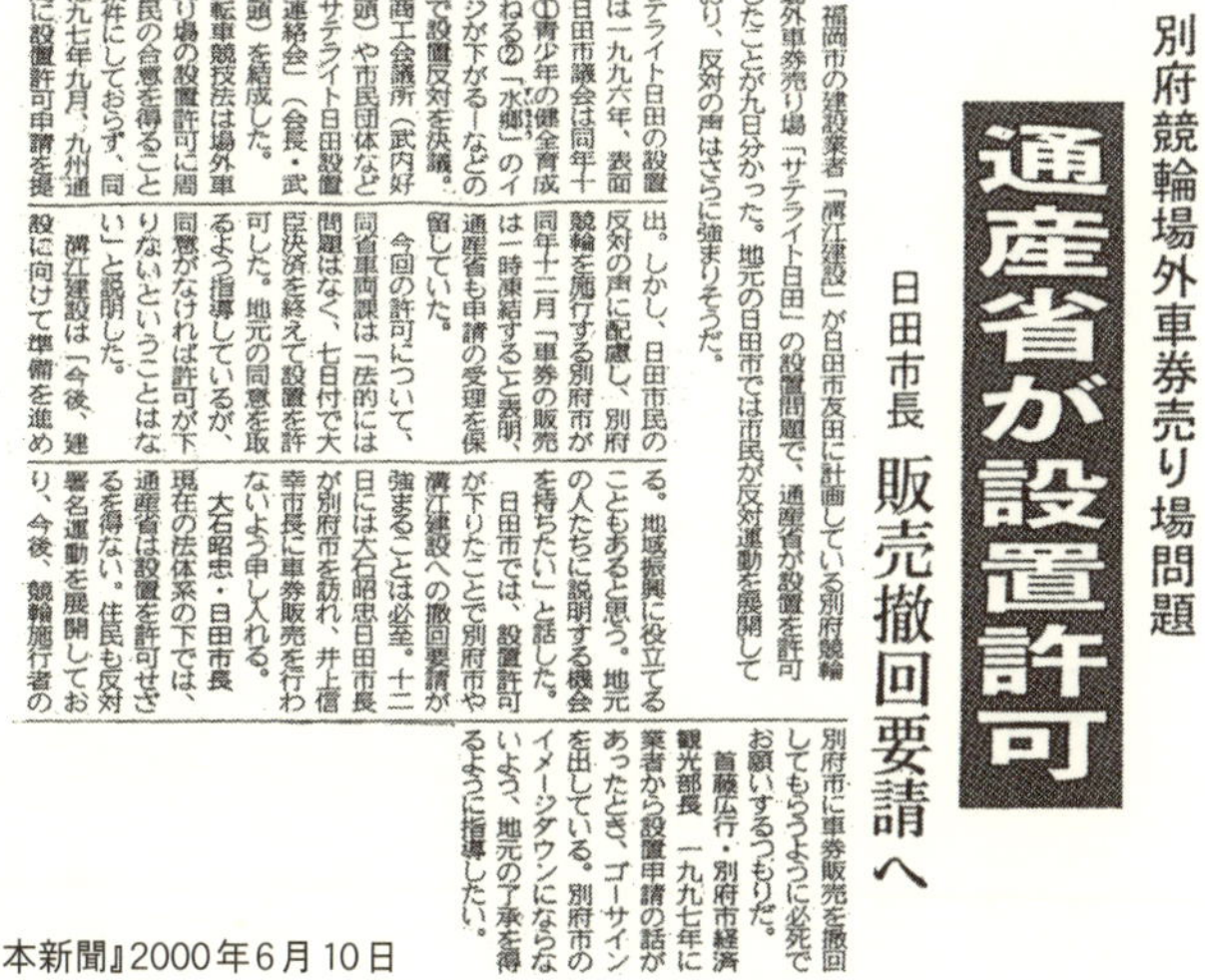

別府競輪場外車券売り場問題

通産省が設置許可

日田市長 販売撤回要請へ

福岡市の建設業者「溝江建設」が日田市友田に計画している別府競輪場外車券売り場「サテライト日田」の設置問題で、通産省が設置を許可したことが九日分かった。地元の日田市では市民が反対運動を展開しており、反対の声はさらに強まりそうだ。

サテライト日田の設置計画は一九九六年、表面化。日田市議会は同年十二月①青少年の健全育成を損ねる②「水郷」のイメージが下がる―などの理由で設置反対を決議。日田商工会議所（武内好高会頭）や市民団体なども「サテライト日田設置反対連絡会」（会長・武内会頭）を結成した。

自転車競技法は場外車券売り場の設置許可に周辺住民の合意を得ることを条件にしておらず、同社は九七年九月、九州通産局に設置許可申請を提出。しかし、日田市民の反対の声に配慮し、別府競輪を施行する別府市が同年十二月「車券の販売は一時凍結する」と表明、通産省も申請の受理を保留していた。

今回の許可について、同省車両課は「法的には問題はなく、七日付で大臣決済を終えて設置を許可した。地元の同意を取るよう指導しているが、同意がなければ許可が下りないということはない」と説明した。

溝江建設は「今後、建設に向けて準備を進める。地域振興に役立てることもあると思う。地元の人たちに説明する機会を持ちたい」と話した。

日田市では、設置許可が下りたことで別府市や溝江建設への撤回要請が強まることは必至。十二日には大石昭忠日田市長が別府市を訪れ、井上信幸市長に車券販売を行わないよう申し入れる。

大石昭忠・日田市長　現在の法体系の下では、通産省は設置を許可せざるを得ない。住民も反対署名運動を展開しており、今後、競輪施行者の別府市に車券販売を撤回してもらうように必死でお願いするつもりだ。

首藤広行・別府市経済観光部長　一九九七年に業者から設置申請の話があったとき、ゴーサインを出している。別府市のイメージダウンにならないよう、地元の了承を得るように指導したい。

『西日本新聞』2000年6月10日

田」設置を許可した、というものである。同省は「法的に不備がなかったので七日付で大臣決済を終えて業者に通知した」と記者発表し、別府市も「国の許可が出れば車券を販売してもらうことになる」とコメントした。そして溝江建設も「今後、建設に向けて準備を進める。地域振興に役立つこともある」と言明、事態はにわかに急転回した。

日田市の大石市長は「現在の法体系のもとでは通産省は許可せざるを得ないのかもしれない。しかし、住民も反対運動を展開しているので今後、別府市に場外車券販売を撤回してもらうように必死にお願いするつもりだ」と別府市にターゲットを絞って行動を起こしていくことを明らかにした。

そして大石市長は、井上信幸別府市長に「車券販売の中止」を申し入れることにした。しかし、六月一二日正午、室原基樹市議会議長とともに別府市役所を訪れた大石市長を待っていたのは、「議会の打ち合わせがあり、井上市長は会うことができない」という秘書課長の言葉だった。大石市長は「日田市民を代表してきているのに五分でも会えないのか。昼飯を食わんでも会う時間はあるだろうが。失礼ではないか」と憤慨して詰め寄ったが、実現できなかった。仕方なく大石市長らは、三ヶ尻正友別府市議会議長に面会して「日田のまちづくりの理念にふさわしくない施設であり、場外車券の販売中止を強く要望する」との書面を読み上げて手渡したが、別の場所で井上市長は記者団に「通産省が許可したのであり、それに従って準備を進めていきたい」と強硬な発言をしていた。大石市長と室原議長は、この時、「容易ならざる状態になってきた」ことを実感させられた。

不可解な許可決定の過程

それにしても、この通商産業省の突然の許可には不可解なことが多い。一九九七年九月一九日に九州通産局から「サテライト日田」設置許可申請の進達を受けて約三年後、なにゆえに唐突な行政処分がなされることになったのか。「大物政治家が動いた」という噂がまことしやかに語られ、私たち弁護団が日田市に入って以降も何度かこの話が耳に入ったこともあったが、確証を得るには至らなかった。

しかし、ここに無視しがたい二通の書面が存在している。その一つは通産省の二〇〇〇年一月一四日付別府市あての書面で、そこには「当省といたしましても今後の競輪事業の円滑な運営のためにも、設置地域住民の理解の取得及び久留米市との商圏調整についての合意形成が好ましいと考えている」とし、「溝江建設に設置許可の承認がなされた場合の貴市の意思確認のために」確約書を提出するよう指示した。これに対して、別府市は「日田市、日田市議会、及び地元住民に対する地域社会の調整については設置者である溝江建設の責務であると考えていますので、設置者に対して今後とも地域住民の理解取得をするよう要請いたします」との回答書を同年二月二五日に通産省に提出した。

この二通の書面が六月七日の許可処分をなすのにどういう役割を果たしているのか、何一つ説明がなされていないが、はっきりしていることは、別府市は、設置される自治体である日田市民の理解を取得する当事者でなく、地元住民に対する地域社会の調整については溝江建設の責務であるとしている点である。

しかし、この「サテライト日田」の主催者は、まぎれもなく別府市そのものなのであり、設置業者の溝江建設は、ただ単に俗に「ハコ」と呼ばれている建物を作って、それを別府市に貸す立場でしかないのである。

そして、その溝江建設においては四年前に四自治会長から同意書の取り付けをして以外、市民の理解を得るなど地域調整をした形跡は全くない。溝江建設は、福岡に本社を置くパチンコなどのレジャー施設や建築、土木、不動産、都市開発などを手がける総合事業会社と言われ、日田市のまちづくりの意味を真正面から受け止めてくれることを期待するのはもとより困難であって、このことを十二分に熟知しているはずの国と別府市がこの段階でなにゆえにかかる書面交換をしたのか、未だにはっきりしていない。にもかかわらず、この三ヵ月後に国の許可処分がなされるに至ったのである。

日田市の設置規制条例案

ところで、日田市は、定例市議会最終日の六月二三日に「発券場設置を断固阻止する」ための手段として設置者や施工者に日田市長の同意を求めることなどを定めた条例制定案を緊急に追加提案した。それは「日田市公営競技の場外車券売場設置等による生活環境等の保全に関する条例」という名称で、生活環境の保全や青少年の健全育成を目的として、施設の設置者が建築許可申請前に市長の同意を得るものとする、という内容であった。

実は、この条例制定については、大石市長が二〇〇〇年に入ってから考え始めていたものであったが、それが現実化しない合間を縫った形で六月七日の国の許可処分となったのであった。そこで、大石市長は、六月一二日、別府市の井上市長から面会を拒絶された直後に条例化を本

“反ギャンブル条例“を全会一致で可決した日田市議会

格的に検討し、条文を練り上げた。この大石市長提案には民間団体も賛意を表し、市議会もこれを採決したが、この条例には罰則規定が盛り込まれていないばかりか、そもそも条例によって法律に基づき国がなした処分に対抗できる実効性があるのか、悩みを抱えている面もあった。

これに対して、別府市の井上市長は「他の地方公共団体の条文制定にコメントする立場にない」との冷ややかな談話を発表、通産省の車両課も「こうした条例は全国に例がない。法的には設置される自治体の同意は必要でない」と突っぱねたが、大石市長は「条例は市民の総意を集約したもので、別府市への対抗手段である。地方分権が進む中、国の許可だけで設置が決まる不条理に一石を投じたい」とその意義を力強く語った。

5　総力あげた市民運動の展開

国の許可処分が火に油を注ぐ

一九九六年一二月以来、地道かつ粘り強い運動に取り組んできた市民運動の火に国の許可処分が油を注いだ。溝江建設の溝江昭男会長は二〇〇〇年七月三日、大石市長を訪ね、通産省から設置許可があったことを報告した上で、「非合法なことはしていない。周辺を含む一五万人を商圏として地元に貢献できる施設を作る」と豪語して帰ったが、これを聞いた日田市民らは、六月初めから開始されていた「サテライト日田設置反対署名運動」を早期に五万人突破させることを確認した。

「サテライト日田」設置反対連絡会（武内好高代表）は一九九八年一月二六日に新たに加入した日田市自治会連合会とサテライト日田設置反対女性ネットワークを加え、一七団体から構成されていたが、二〇〇〇年七月一八日の会合を機に、五万人署名達成にさらに拍車がかけられ

建設反対の看板

５万人を突破した署名運動
（毎日新聞社提供）

た。市民団体はそれぞれのネットワークを生かし、自治会は各家庭を一軒ずつ訪問しながら下からの地道な運動を積み上げたが、ＪＲ日田駅、岩田屋デパート、スーパー店前では有志による街頭署名運動が実施された。七月一五日には、日田市の一六女性団体で構成するサテライト日田設置反対女性ネットワーク（高瀬由紀子代表）が、元町の「サンリブ日田」前で署名集めを行い、買い物客の主婦や下校中の高校生らにハンドマイクで「場外車券売場といっても、実際には別府競輪の模様が大型スクリーンに映し出される公営ギャンブル場です」「これが設置されますと、私たちの静かな町、日田のイメージが壊れてしまいます」などと必死に呼びかけた。この日は二時間あまりの運動であったが、三七四人の通行人が署名に応じてくれた。

五万人以上の反対署名を別府市へ

そしてついに八月三日には、署名数は五万五七〇人に達し、ダンボール四箱分になった。日田市の総人口が六万三〇〇〇人であることを考えると、中学生以下の子どもを除いたほとんどすべての日田市民が「サテライト日田」設置に反対する意思表示をしたことになり、武内代表はこの日「五万を超える反対の意思をあらわす署名を市民からいただいた。これをもって『断固反対』の姿勢を崩さず、徹底してたたかいを続けていきたい」と力強く語った。

八月七日、武内代表ら「サテライト日田設置反対連絡会」のメンバー一二人は別府市を訪れ、

別府市に署名簿提出

日田市民50570人の願い

車券販売中止を訴える連絡会メンバー（別府市役所）

サテライト設置反対連絡会

日田市友田に通産省の設置許可が下りている別府競輪の場外車券売り場「サテライト日田」の設置に反対する「サテライト日田設置反対連絡会」（武内好高代表・十七団体）は七日、別府市を訪れ、大塚茂樹助役と三ケ尻正友市議会議長に市民らから集めた五万五百七十人の設置反対の署名簿と車券販売中止を求める請願書を提出した。別府市側は「地元の理解を得て設置したい」とこれまでと同じ市の方針を伝えた。

「絶対反対／サテライト日田」のたすきを掛けた連絡会のメンバー二十二人は午後二時前、別府市役所に到着。一階のレセプションホールで署名簿の引き渡しがあり、別府市は大塚助役らが応対した。

武内代表は「別府市、溝江建設は許可が下りたので設置したいとの意向を表明しているが、わたしたちは憤りを禁じ得ない。サテライト日田での車券販売計画を即座に中止してほしい」と請願書を読み上げ、大塚助役に手渡した。武内代表は「日田市は文教都市、水郷日田としてまちづくりを進めてきた。二十一世紀に向けた日田市のまちづくりを尊重してほしい」と重ねて車券販売中止を訴えた。

大塚助役は「別府市としては、円滑な設置に向けて市民の理解を得たいと考えている。設置者（溝江建設）にも地元の理解を得るよう一層の努力を指導していく」と市の主張を繰り返した。井上信幸市長は「公務のため」として、出席しなかった。

武内代表らは、この後、三ケ尻議長にも同趣旨の請願書を手渡した。

同連絡会は「文化の薫りあふれる文教都市を目指している日田市にふさわしくない。青少年の健全育成の観点からも好ましくない」として、六月初めから署名を集めてきた。

別府市は、六月末に溝江建設からサテライト日田の設置許可が下りたとの報告を受け、七月二十四日に井上市長らが日田市を訪ね、大石昭忠市長にサテライト設置について理解を求めた。別府市は「行政ルールにのっとって手続きを進めていく」としている。

「市長が対応しないのは残念」

反対連絡会代表

サテライト日田設置反対連絡会の武内好高代表は「日田市民がこれほど反対しているのに、（別府市が）公営競技だからといって設置を進めようとするのは、あまりにも四角四面に考えているようで寂しい気がした」と話した。

井上信幸別府市長が応対しなかったことについて、反対連絡会事務局の佐々木栄真・日田商工会議所専務は「三ケ尻議長には時間をつくっていただいたのに、非常に残念。（市長が）市としての考え方をきちんと示すべきだ」と話した。

サテライト問題に絡んでは、十八日に溝江建設（福岡市）の溝江昭男会長が設置への理解を求めて日田商工会議所を訪れる予定で、この際にも、武内代表が五万人署名について報告し、断固反対の意向を伝えるという。

公営競技の懇話会設置へ

別府市議会

別府市議会は七日、会派代表者会議を開き、別府競輪の場外車券売り場「サテライト日田」や、別府市南立石に進出計画があるJRA（日本中央競馬会）の場外馬券売り場の問題について、協議する「公営競技問題懇話会」を設けることを決めた。

十日に一回目の会合を開く。

懇話会は各会派の代表を含め十一人で構成。サテライト日田とJRAの場外馬券売り場について、これまでの経緯や、今後の議会としての対応について意見交換、議論する。

会議で三ケ尻正友議長が「サテライト日田、JRAの問題は市議会として避けて通れない。今後の対応について、議員の皆さんで勉強し、知恵を出し合ってどう進めるのがいいのか、話し合いたい」として、同懇話会の設置を提案。全会一致で設置を決めた。

『大分合同新聞』2000年8月8日

大塚茂樹助役と三ヶ尻正友市議会議長に会って、五万五七〇人の願いを込めた署名運動を提出、「発券断念」を訴えたが、別府市側は「地元の理解を得て『サテライト日田』を設置していきたい」と従来の方針を繰り返すだけだった。井上信幸別府市長は「公務のため」という理由でこの日も顔を出さなかったが、日田商工会議所専務の佐々木栄真氏は「市議会の議長には時間を作っていただいたのに非常に残念。市長自身が別府市としての考え方をきちんと示すべきである」と感想を述べている。

こうして日田市と別府市の関係は膠着状態が続くことになるが、当時のマスコミ各社は、いずれもこの問題を重視し心配する立場から、丁寧な報道をしていた。西日本新聞八月二〇日付朝刊は、「日田市と別府市の対立深く」と題して特集を組み、事実経過と双方の言い分を詳しく掲載しているが、「大分県を代表する観光都市同士のこの対立、解決が世紀を越すのは間違いなさそうだ」と結んでいる。

溝江建設、起工式を強行

日田市民五万人以上の強力な支援を受けて大石市長は、その後も別府市、溝江建設、そして九州通産局へ激しい要請活動を展開した。一方の別府市は、「設置者の溝江建設から通産省の許可が正式に下りたという連絡があったので、今後も設置に向けて行動したい」と述べ、溝江建設もそのための準備を急いでいた。ところが、九月一五日に溝江建設が企画した「サテライト日田」の周辺住民や施設利用者を対象にした説明会に出席したのは、日田郡の男性一人のみで地元の日田市からは皆無であった。この説明会は「サテライト日田」工事着工をにらんでのものであったようだが、この日田郡からの出席者の男性も「ギャンブルに興味はないが、売場ができれば雇用も増えるのではないか」との動機だったことを語り、溝江建設のもくろみは頓挫したかに見えた。

一方日田市は一一月二七日午後二時、日田市中央公民館で、「サテライト日田反対総決起大会」を開催、平日の昼間にもかかわらず、会場の定員を超える四〇〇人以上が参加して、気勢を上げた。この総決起大集会は、別府市が「サテライト日田」工事着工に向けて競輪事業特別会計補正予算案にサテライト設備費を三億円盛り込んで一二月別府市議会に提案する方針を固めたという情報を受けて、これに断固反対の意思を表明するため緊急に開かれたものであったが、大石市長は「別府市の予算案提案は地方の権限を侵略する行為に等しい。別府市の財政事情のために日田市民を犠牲にするわけにはいかない」と叫んだ。最後に、日田市自治会連合会の本河孝義会長が計画の撤廃を求める反対決議文を読み上げると、会場は拍手の嵐となった。

しかし、溝江建設は、こうした日田市民の声と願いを全く無視するかの如く、一二月四日午前一一時半、日田市友田の「サテライト日田」の建設予定地で起工式を強行した。出席者は関

「サテライト日田」 阻止を訴える日田市民総決起大会（毎日新聞社提供）

別府市　**両市の〝正面対決〟は必至**　日田市

「サテライト」が着工
反対運動激化の中

別府競輪の場外車券売り場「サテライト日田」の建設予定地。周辺にパチンコ店や大型レジャー浴場などがある（写真㊤）と、関係者ら10人が出席して行われた起工式（日田市友田荻鶴）

別府競輪の場外車券売り場「サテライト日田」の設置計画をめぐり、福岡市の建設業者・溝江建設（溝江弘社長）が四日午前、日田市友田の建設地で起工式を行った。別府市も同日開会の定例議会にサテライト日田の発券機備費など総額約三億二千万円の関連予算案を提案した。設置に反対している日田市側は「別府市と交渉しているのに、それを無視した着工に憤りを感じる」として九日、大石昭忠市長を先頭に、別府市で反対のデモ行進を計画しており、「建設着手」により両市の〝正面対決〟は必至の情勢となった。

建設地は日田市街地から福岡県杷木町につながる国道386号沿い。周辺には溝江建設やグループが経営する大型レジャー浴場やパチンコ店、レストランなどがある。同日午前十一時半から、関係者十人が出席し、起工式があった。

計画では、サテライト日田は鉄骨三階建て（延べ約二千四百平方㍍）。同社が建設し、別府市に賃貸する。具体的な工期については明らかになっていないが、来年四月以降の早い時期に完成するとみられる。建設費は約四億円。

一、二階部分に、合わせて十五の車券発売窓口と七つの払い戻し窓口があるほか、レースを衛星受信する二百㌅マルチビジョン一台と二十九㌅モニター二十四台を備える。座席数は計二百六十二席。駐車場は四百台分。

年間の車券発売日数は約百五十日間で、年間十八億円の売り上げが推定されている。溝江建設が別府市から受け取る賃貸料は車券総売り上げの四%という。

地元日田市には売上高の一%が支払われることになっているが、同市は「歴史・文化の薫りあふれる文教都市を目指しており、町づくりにふさわしくない」として反対。十七団体でつくる市民団体「サテライト日田設置反対連絡会」も五万人を超える署名を集めるなど、官民一体での反対運動を展開している。

五年越しの両市の対立は〝最終コーナー〟を迎えようとしている。

関連予算案を提出　別府市

別府市の市議会十二月定例会が四日開会。市は別府競輪の場外車券売り場「サテライト日田」の発券機など関係機器のリース契約を締結するための債務負担行為（限度額三億二千百万円と利子負担分）など本年度競輪事業特別会計補正予算案を提案。井上信幸市長が提案理由を説明した。七日に始まる一般質問では、五人の議員が「サテライト日田」に関連して質問する。

日田市で反対運動が続いている情勢下で、別府市が予算案を提案したのは①設置業者の溝江建設が早期建設を求めている②別府競輪の売上額、入場者数が落ち込んでおり、新しいサテライト設置でファン拡大による売り上げ増加を見込める③競輪事業を順調に運営するため、設置許可を出した通産省、許可を受けた設置業者と交わした「許可が出れば、必ず車券を販売する」とした約束を守る－などが理由。

別府市議会には「車券販売を始める時期や日田市との関係などについて執行部の見解を聞きたい」として、サテライト設置について態度を明確にしていない議員もいる。溝江建設の「施設着工」が審議に影響を与える可能性もある。

『大分合同新聞』2000 年 12 月 4 日

係者一〇人だけですぐ終わったが、溝江昭男会長社長は「今からが大変だと思う。日田市というまちになじむのに、どれだけ時間がかかるか心配だ」と述べ、地元の理解を得られないまま着工したことを気にしている口ぶりだった。

別府市長、三億二〇〇〇万円の予算案提出

そして別府市もこの日、定例の市議会にサテライト日田の発券設備費など総額三億二〇〇〇万円の関連予算案を提案した。その理由を①設置業者の溝江建設が早期建設を求めている②別府競輪の売上額、入場者数が落ち込んでおり、新しいサテライト設置でファン拡大による売り上げ増加を見込める③通産省、設置業者と交わした「許可が出れば、必ず車券を販売する」とした約束を守るため、と説明した。こうして、事態は最悪の段階を迎えることになった。

別府市での抗議デモと継続審査

一二月九日、ついに日田市民代表らは別府市に乗り込んだ。「敵地」と呼ばれる別府市内で街頭デモ行進をするためである。主催は、日田市の民間一七団体で構成する「サテライト日田設置反対連絡会」であったが、この日は各団体の代表ら二五〇人と大石市長、室原議長はじめ市議会議員二二名が参加、「絶対反対！　サテライト日田」のたすきと鉢巻を着けて、別府市北浜

日田市長を先頭に別府市でデモ行進

のJR別府駅前通りでデモ行進した。別府市の市民グループ「サテライト日田を強行する市長に腹が立つ会」のメンバー一〇〇名も「ギャンブルに頼る市政はいやです」のプラカードを掲げてこのデモに合流したが、代表を務める加藤和彦氏は「日田の皆さんの真剣さ、熱気が伝わってきた。別府市長は態度を改めるべきではないか」と語った。

歩道からデモ行進を見守っていた別府市の自治委員の男性は「自治体同士の衝突は悲しいことだ」との感想を述べ、商店街の店員は「突然の行進でびっくりした。嫌がっているところにわざわざ設置することもないんじゃないか」と話した。武内代表は「別府市民から『頑張れ』の励ましの言葉を何度もかけられて感銘を受けた。良識ある判断を別府市議会に期待したい」と述べて、たたかい続ける決意を新たにした。

これを受けた形で、別府市の定例市議会は一二月一一日から「サテライト日田」の関連予算案の審議に入った。しかし、この問題の担当の観光経済委員会でも本会議でも「日田市民の理解を得るべき努力が十分なされていないのではないか」「別府市民や別府市議会に対する説明も怠っている」などの批判が相次ぎ、結局一八日の議会最終日において継続審査となった。これによって別府市が翌年の夏に予定していた場外車券の発売開始は困難な状況となったが、井上別府市長と溝江建設はなお、「サテライト日田」設置に向けて「日田市民の理解を得ていきたい」とのコメントを残した。

大石市長あて別府市在住主婦からの手紙

このころ、大石市長のもとに、別府市に住む主婦から一通の手紙が届いた。次のような内容のものだった。

> 私は日田にサテライト日田ができることに反対します。私の夫は四六歳で小学、中学の子どもの家族です。夫は五年前から仕事もしないでけいりんに狂って二年前からサラ金から金をかりて今一五〇万円の借金があり、私がパートで働いた金まで取り上げられています。家の中は毎日けんかのたえま

がありません。子どもまで心がゆがんで勉強もできないこのごろです。日田市に車券売場ができたらきっと私どもと同じ苦しみの家ができるでしょう。私の近くでも家族がばらばらになって家を押さえられとられた人がいます。かけごとは一家心中のはじまりです。どうぞ日田市にけいりん場ができないようにしてあげて下さい。

別府市秋葉町　一主婦　四三歳

日田市長さま

6　日田市長、国への提訴を決意

市長の決意

日田市の大石市長が、国を訴える訴訟を提起する必要があるのではないかと考え始めたのはこの頃であった。四年以上にわたる日田市民あげての反対運動にもかかわらず、それに耳を貸すことなく起工式まで強行し、「サテライト日田」設置工事に意欲を見せる溝江建設、一貫してかたくなな態度を崩さずついには三億二〇〇〇万円の予算案を市議会に提案した井上別府市長、もはやこれらの壁を突き破っていく方法としては「サテライト日田」設置のもとを作った国の行政処分そのものの取り消しを求める裁判を起こす以外ないのではないかということであった。

つまり、このままでは「サテライト日田」問題は日田・別府の両市間の争いとして展開し、なし崩し的に設置が実現されてしまいかねないことから、厳しい法的問題を抱えながらも、国を訴えることによって、地方自治のあり方自体を広く全国に問いかけ、それをテコとして別府市と溝江建設を追い込んでいくという方針に思い至ったのである。

そして大石市長が筑紫哲也氏に接触した後、この年の一二月二九日に私の事務所を来訪されたのは冒頭で説明した通りである。

大石市長は私との話し合いを踏まえて二〇〇一年一月一九日の市議会会派代表者会議でこの方針を披露した。その席で、大石市長は「競馬と競艇が地元の同意を必要としているのに、経済産業省（旧通産省）が管轄する自転車競技法だけに民意が反映されないのは法の下の平等に反する。また、昨年六月、溝江建設に対して設置許可が出された際、経済産業省から地元の日田市には何らの通知もなかった。国の説明責任のなさを問わなければならない」と国の姿勢を強く批判した。

大石昭忠・日田市長

これに対して各会派の代表者からは「問題の根源は国の許可である」などとして大石市長の訴訟提起の方針を支持する声が出され、全く異論は出なかった。そしてこの模様は、直ちにマスコミ各社の知るところとなり、当日夕方のテレビと翌朝の新聞は一斉に「日田市、国を相手取り行政訴訟」として報じた。

ヘリでの空撮と大石市長最後の訴え

いったんは前年一二月の別府定例市議会において継続審査となった「サテライト日田」関連予算案が再び一月末からの臨時市議会にかけられ、それが可決される見通しが強いという状況下で、大石市長と日野氏は最後の作戦に運命を賭けた。それは、「サテライト日田」設置による国道386号線の渋滞と駐車場の敷地不足による混雑、それに別府市の市税徴収率を向上させれば「サテライト日田」での収入をはるかに上回ることを、別府市議会の全議員三三名に訴えようとするものであった。そこで考えたのはラジコンヘリによる国道及びサテライト日田建設用地の空撮と大石市長の手紙であった。

撮影当日は、朝からあいにくの激しい雨が降り続け、風も強く最悪の天候であった。ラジコンヘリのオペレーターも「こんな天候では無理ですよ。墜落の危険性もあるので断念したい」と申し出たが、日野氏は「今日しか時間がない。天候の回復を待とう」とその申し出に待ったをかけた。

時間が刻々と過ぎ、焦りと諦めの気持ちが錯綜する状態が続いたが、急に西の空が明るくなり雨も小ぶりになり風もパタッと止んだ。日野氏はかじかんだ両手を胸の前に合わせ祈りながらオペレーターに合図した。「今だ飛ばせ！」。ラジコンヘリは轟音を響かせ大空高く舞い上がった。空撮時間は約一〇分。無事ラジコンヘリは着陸したが、それを見届けるかのごとく、大粒の雨が再び地面をたたきつけた。

「俺達にはまだツキがある」と日野氏はつぶやいたが、ずぶ濡れになったオペレーターから「撮影成功です」と聞いてオペレーターとガッチリ抱き合った。早速市役所に帰り、空撮成功の報告を一刻も早くしたいと大石市長の部屋をのぞくと、大石市長はデスクに向かって文書を書いていた。「写真撮影成功しました」と報告すると、大石市長は「ご苦労様、これを見てくれ」と文章を示した。何と大石市長は、別府市議会議員に訴える「サテライト日田」設置反対の思いを長々と書き綴っていたのである。日野氏はこの大石市長の姿を見て一瞬胸が熱くなり、「これがまさに運命を賭けた空撮写真と別府市議会全員に宛てた手紙だ」と実感したという。このことが、後のサテライト関連予算否決の大きな要因になったことは、当時の大石市長、日野氏の二人以外は知る由もなかった。

夕闇迫る頃、二人は市内の居酒屋「いちふく」に居た。「人事を尽くして天命を待つ」という心境で、大石市長と日野氏は大石市長の北海道の友人から送ってもらったという、とっておきのぼたん海老を食べながら、四日後の別府市議会の予算案審議に備える気持ちを固め直した。

「サテライト日田」問題で奔走する日野和則課長

響の大きさは、貴市の大きなスケールでは想像出来ないものがあります。

平成１１年度の市税の収税状況

	市税調停額	収　入　額	徴収率	未　収　額
日　田　市	7,607,933（千円）	7,143,016（千円）	93.9%	464,917（千円）
別　府　市	17,508,443（千円）	14,961,234（千円）	85.5%	2,547,209（千円）

日田市は農林業を中心に細々と市民と共に生きております。不況の折、年々下がる上記収税率アップに議会の協力も得て全庁あげ夜討ち朝駆けの努力をし、何とか大分県１１市でトップの収税率を維持していますが、不況等により大変苦慮しています。しかしながら、徴収率向上は、重点課題として一層の努力を続けてまいりたいと考えており、貴市も同様だと存じますので、まず議会としては、この徴収問題に市執行部の努力を向けさせるべきではないでしょうか。地方分権への流れは確実ですし、自主税を確保するのはお互い自治体の最大の留意点であることはご理解頂けると思います。

「サテライト日田」の説明会が別府市主催で来る２月７日開催されます。市の施設を提供致しますが、問題発生より約４年半経過して初めて市民への説明です。報道によれば、貴議会は翌２月８日開催予定の臨時議会にて予算案を可決する可能性が大きいと聞いています。情報公開、説明責任が問われている議会民主主義の下でこの大きな問題を反対している日田市に対し、初めての説明から１０数時間後に結論を出すという貴市のやり方はどうしても納得できません。

我々は公営競技である競輪事業を決して否定するわけではありません。売上アップを計りたい貴市の事情も解りますし、日田市内に別府競輪ファンが居ることも承知致しております。幸いに日田市はケーブルテレビが発達し、１１，０００世帯が加入しています。パーフェクトTVへの接続は容易ですし、サテライトで発信する情報は十分カバー出来るはずです。どうしても日田市のファン拡大を目指すならば電話投票の道があり、これまで阻止することは出来ません。

一周遅れのトップランナーの如き素朴なまちづくりを目指している日田市でございます。今後も別府市とも連携を図り協力し合いながら観光、産業等の発展に努めて参らなければなりません。

上記の悲痛な叫びをお聞き届け頂き「サテライト日田」断念の方向で、議会議決をお願い申し上げます。

平成１３年２月５日

日田市長　大　石　昭　忠

大石市長の別府市議会議員に宛てた手紙

別府市議会議員

殿

前略、去る1月29日には貴議員代表団のご来庁賜り有難うございました。「サテライト日田」解決への糸口が見出せたかと期待致しましたが、2月1日の観光経済委員会にて予算可決の方向が出た由、残念な思いです。

2月2日には、別府市の観光経済部長首藤氏と市長室にて面談しました。「サテライト日田」問題発生以来、約4年半経過しましたが、初めて事業内容の説明を受けました。

推定売上数：年間1,728百万円

（入場者400名/日×30，000円/平均購買×144日開催）

開催内訳　：場内（別府競輪場主催）72日/1年

場外（他場特別レース）72日/1年

収益予測　：

（売上は推定で、場内：40％、約700百万円、場外：60％、約1,000百万円）

	日田市	別府市	サテライト日田（溝江建設）
場内	700百万円×1％＝ 7百万円	700百万円×11．5％＝ 80．5百万円	700百万円×4％＝ 28百万円
場外	5万円×72日＝ 3．6百万円	1,000百万円×2．5％＝ 25百万円	1,000百万円×2．5％＝ 25百万円
計	10．6百万円	105．5百万円	53百万円

議員の皆様もこの内容については、ご承知のことと存じますが、別府市は、この内から40～50名の雇用を含むすべての費用を負担せねばならず純益は多くは期待出来ないはずです。溝江建設㈱は建物の償却はありましょうが、長期的に見ればメリットは大きいと思われます。日田市は、市民（購買者が100％日田市民ではないでしょうが）から432百万円（1,728百万円×25％＝）を吸い取られ、いただく約1,000万円は貴重な収入ですが、発生するゴミ処理代にしかなりません。

駐車場は、現在の遊技場400台分ありますが、土・日・休日はほぼ満杯で「サテライト日田」が出来れば建物で100台分減り、来場者が400名/日も増えればとても収容できません。しかも、2車線の国道386線は市の生活幹線道路で向かいには集客力のある店舗があり、また、近くに1，000人収容の葬儀場が年間約200日営業しています。交通渋滞は大きな問題となります。

日田市民から年間4億3，200万円吸い上げようとする貴市の今回の目的は（確かに売上の8、5％が国庫への納入金となり、何がしかの恩恵も我々にはありましょうが、）貴市への増収しかないと思われます。私共は、この失う4億3,200万円の市税収入への影

幻の市道バリケード擁壁工事

それともう一つ、大石市長と日野氏は別府臨時市議会での予算案が可決された場合を視野に入れて、別の作戦を考えていた。これが幻の「市道のバリケード擁壁建設工事」と呼ばれたものである。

サテライト建設用地のアーバンピラミッド内の敷地の導入路は、日田市所有の市道が縦横に走っており、施設が設置されても、この市道を通らない限り施設の利用はできない状況であった。そこで二人は、仮に別府市の予算案が可決し、施設設備の工事が始まることになれば、市道の両側にバリケード用の擁壁を設置し、工事妨害を図るという、おおよそ地方自治体では考えられないような作戦を計画していたのである。具体的には別府市議会臨時会で予算案が可決されれば、その日のうちに入札・工事を発注して、バリケード擁壁工事を施行する手筈を進めていた。

しかしながら次に述べるように、「予算案否決」という予想外の結果になったことでこの作戦は中止となり、「幻の市道バリケード擁壁工事」になったこともエピソードの一つとして紹介しておきたい。

「サテライト日田」予算案、別府市議会で否決

問題の別府臨時市議会が二月八日開催された。その前夜、別府市は日田市中央公民館で初の現地説明会を開き、大石市長はじめ日田市民の理解を得て翌日の市議会における予算案可決を図ろうとする思惑だったようだが、会場では冒頭から「押し問答」の状況となった。大石市長は「一〇数時間後に設置の方向を決めてしまうとはどういうことか」「別府市は年間わずか五二〇〇万円の純利益のために進出をごり押しするのか」と質問したが、別府市側は「法の範囲の中でやっているので、無理矢理ではない」と答えて結局議論はすれ違いのまま終わった。日田市の市民団体「サテライト日田設置反対連絡会」は「今さら説明は聞けない」として、この日の会合には誰一人参加しなかった。

そして翌日の別府臨時市議会で誰にも予想できなかった驚天動地の出来事が起こった。井上市長提案の「サテライト日田」設置に関する予算案が反対多数で否決されたのである。採決の結果は賛成一三、反対一七であったが、何と与党会派である自民党議員のうち三人が反対に回ったのである。この三人はいずれも別府市議会議長の経歴を持つ長老であったが、「日田市民の反対が強く、進出しても失うものが大きい」「日田市民の理解が得られない現状では撤退した方が別府市のためになる」との理由を述べた。自民党会派は、当日直ちに三人に対して退会を要求

場外車券場関連予算案

別府市議会が否決

開設、事実上の凍結

大分県別府市議会は八日、臨時議会を開き、継続審査となっていた市営競輪の場外車券場「サテライト日田」の開設に伴う関連予算案（約三億二千万円）を否決した。これでサテライト日田の開設は事実上、凍結状態になった。

関連予算案には、自動券売装置、レースを衛星通信で中継するための装置などの費用が盛り込まれている。昨年十二月議会で継続審査となっていた。

サテライトの建物は福岡市の業者が着工済み。今年秋の完成を目指していた。

別府市は昨年十一月の市報で、「日田市としては、本来、設置許可が出る前に、許可権者である通産大臣（当時）に対して明確な反対の意思表示をすべきだったのではないか」と記述し、開設に反対する日田市側が強く反発。日田市は「通産省に設置反対を陳情するなどしており、事実誤認がある」として、別府市を相手取り、訂正を求める訴訟を起こすなど、自治体間の争いに発展している。

井上信幸・別府市長の話「否決は予想外の結果。予算案の取り扱いについては、三月議会に、再度、提案するかどうかを検討していきたい。日田に出向いてトップ会談することもやぶさかではない」

大石昭忠・日田市長の話「別府市議会の良識ある判断に感謝したい。別府市執行部からは強気の発言が目立っていたが、議会の方は日田市民の反応をより敏感にとらえたのではないか」

『読売新聞』2001年2月9日

するに至り、三人は以後無所属となった。

この結果を聞いた大石市長は「本当にすごい。びっくりした。別府市議会の良識ある判断に感謝している。私たちの反応を敏感にとらえてくれたのだろう」と喜びを素直に口にしたが、一方の別府の井上市長は「否決は予想外だったが、場外車券売場は設置を進める努力をしたい」と変わらぬ強硬姿勢を示した。そして、読売新聞の記者の質問には「次の議会に再提案することも含めて検討する」と語っている。

この予算案は、すでに市議会の観光経済委員会で可決されたうえでの本会議提案であり、しかも身内の造反の結果での逆転否決だっただけに、井上市長の落胆と怒りは相当なものだったようだが、日田市の大石市長の断固たる反対姿勢、市議会全会一致での決議、日田市民五万人以上の署名運動、別府市でのデモ行進、後に述べる別府市を相手にした市報訂正を求める裁判、そして国の許可処分の取り消しと無効確認を求める行政訴訟提起の動きなど日田市民の粘り強く強力な運動が、この別府市議会の結論に与えた影響は大きなものがあったと言ってよい。

この市議会を傍聴した女性ネットワーク代表の高瀬氏は「日田市民あげての願いが議案の否決に結びついた。開設断念が正式に決まるまで気を抜かずに頑張っていきたい」と語っていたが、この時点では、それ以降、どういう形で「サテライト日田」問題が解決していくのか誰も予測できない状況であった。

第三章　地方自治体が国を訴える

――「まちづくり権」の提唱

7　憲法違反で国を提訴

日田市議会が全員一致で国に対する行政訴訟を決議

別府市議会において「サテライト日田」設置関連予算案が否決されたものの、井上市長の強固な態度は一向に変わることがなかったため、根源的な解決を図るため日田市の断固たる姿勢を示すことが必要との気運が大石市長はじめ日田市側に高まってきていた。

二〇〇一年二月二〇日、私は大石市長の要請に基づいて、日田市議会の全員協議会に出席した。重要な案件については、時間をとって十分な実質的討議を行うため、市議会に先立って、全員協議会を開くことが日田市の慣例になっているという。

日田市の市議会は総数二六名。市政クラブ六名、社民クラブ六名、新風会六名、公明党二名、市民クラブ二名、政友会二名、日本共産党二名の内訳であったが、この日は室原基樹議長ほか

国相手の設置許可無効確認訴訟議案を全会一致で可決した日田臨時市議会（毎日新聞社提供）

日田市議会全員協議会で国相手の行政訴訟を説明する大石市長と寺井弁護団長（毎日新聞社提供）

全員が出席していた。室原議長は先に紹介した四〇年前のダム建設反対の「蜂の巣城」を作り上げた室原知幸翁の長男であるが、父親譲りの強固な意志の持ち主であった。小柄ながら、背筋がピンと張り、ダンディな着こなしをした紳士でもあった。その議長が「今日は我々日田市民にとってきわめて重要なテーマとなっている『サテライト日田』問題について新たな行動を起こすかどうか議論してもらうため、緊急に集まってもらった。それは、国を相手にして処分の取り消しを求める裁判を起こすことの是非を決めるものである。そのために今日は東京から寺井弁護士にも来てもらっている。率直な意見を交してほしい」と開会の挨拶をした。

続いて立った大石市長は「平成八年の『サテライト日田』設置計画の発表以来、私どもはその反対運動に心血を注いできた。それでも今日まで何ら状況は変わっていない。別府市長の態度も不見識きわまるものだが、国の姿勢はなお悪い。口先では、地方分権の時代と言いながら、やっていることは昔以上、いやそれよりもっとひどいものだ。これは日田市だけの問題ではない。憲法そのものが問われている全国的な問題だ。私は今回の国の処分がいかに憲法に違反しているか、それを司法の場で裁いてもらいたいと決意し、行政訴訟を提起することにした。是非、議員各位の理解と承認をいただきたい」と訴えた。

発言を促された私は、それまで六回にわたる弁護団会議での検討に基づいてまとめられた「訴状骨子」に従って裁判所に提訴する内容を要約して説明した。市議からは「本当に勝てるのか」

「何年ぐらい続くのか」「費用はどのくらいかかるのか」「別府市との関係はどうなるのか」などの質問が出たが、最終的には全員が市長の提案を了承してくれた感じだった。

東京から駆けつけた私ども弁護団の最後の挨拶に大きな拍手が起き、日野課長が「市議会であのような拍手が起こったのはあまり記憶がない」と述懐していたが、私は、そこにも日田市のたたかいの真剣さと底の深さを感じ取ることができた。その三日後の二三日、日田市議会は全員一致で国（経済産業大臣）に対する行政訴訟を提起することを正式に決議した。

地方自治体が原告としての異例の裁判

そして、二〇〇一年三月一九日、私は他の弁護団員及び大石市長ら日田市の関係者らと大分地方裁判所に赴いた。国（経済産業大臣）を相手とした行政訴訟事件の訴状を提出するためであった。過去において、国の行政処分に対して権利侵害や損害を受けたとして周辺住民が裁判を訴えたケースは相当数にのぼっているが、地方自治体が国を相手どって訴訟を起こしたのはきわめて異例ということで、報道関係者の関心も予想以上に高く、裁判所の玄関には十数台のテレビカメラが待ち受けていた。

大石市長が、「凄いなぁ、わしが市長に当選して以来、初めての取材陣だ」と驚いていた。訴状の提出は大分地方裁判所の二階受付で行われたが、その模様は地元の大分県はもとよりNH

Kの夜七時の全国ニュースでも報ぜられ、この行政訴訟の持つ重大な歴史的意義を改めて知らされた思いであった。私たち弁護団が作成した訴えの趣旨は、二〇〇〇年六月七日になした「サテライト日田」設置を許可した国（当時の通商産業大臣）の行政処分は違憲・違法なものであるから、その無効確認と取り消しを求めるというものであった。

行政事件訴訟法は、大別して、抗告訴訟、当事者訴訟、民衆訴訟、機関訴訟を定めているが、その中でも行政庁の公権力の行使に関する不服を基礎とし、その公権力の行使又は不行使によって生じた違法状態の除去を目的とする抗告訴訟の一種である取消訴訟の出訴期間は法律により三ヵ月となっている。しかし、その行政処分に重大明白な瑕疵《かし》がある場合は同じ抗告訴訟である無効確認訴訟が認められており、これには出訴期間の制限はない。私たち弁護団は、本件行政処分が重大で明らかな瑕疵をもったものであることから主位的にその無効確認、予備的に取り消しを請求することとした。そして、請求の理由としては、次の三点とした。

まず第一は、国の行政処分の根拠法規とされている自転車競技法は、憲法に違反しているというものである。日田市の「まちづくり」にとって重要な要素ともいえる別府競輪の場外車券売場「サテライト日田」の設置は、別府市の意向と建設会社の申請に基づく国の許可のみにかかっており、設置される自治体である日田市の同意を全く必要としておらず、それは地方自治体の自治権、自己決定権を真っ向から否定し憲法違反というべきものである。具体的には、自

日田市が国を提訴

サテライト問題 憲法論議に発展

「無効」と取り消しを求め

別府競輪の場外車券売り場「サテライト日田」の設置許可をめぐる問題で、日田市は十九日、「地元自治体の同意を法的な要件としていない自転車競技法四条は、地方自治の本旨を定めた憲法九二条に違反する」として、経済産業省（旧・通産省）を相手に、設置許可処分の無効確認と取り消しを求める訴えを大分地裁に起こした。地方自治体が国を相手に行政処分を争うのは極めて異例。設置に反対の日田市と施行者の別府市との間で、五年間にわたって対立が続いているサテライト問題は、地方自治や地方分権を問う憲法論議にまで発展することになった。

大分地裁にサテライト問題の提訴状を提出する大石日田市長（左端）ら

同日午後三時、原告訴訟代理人を務める弁護士団（東京・六人）を代表する寺井一弘弁護士、大石昭忠市長らが大分市の大分地裁を訪れ、行政事件訴訟法に基づいて訴状を提出した。

訴状によると、施設を設置する満江建設（福岡市）が一九九七（平成九）年七月、九州通産局（現・九州経済産業局）にサテライト日田の設置許可を申請。それ以前に民間十五団体や日田市議会が設置に対して反対決議をしていたほか、同市が同通産局や本省に出向いて不許可を要望。市民団体による署名運動など、設置反対の強い意志を表明してきたにもかかわらず、二〇〇〇年六月、通産大臣名で許可が下りた。

この許可処分について、同市は「自転車競技法四条は違憲」とする主張を中心に据え、三点から違法性を指摘している。

第一に、九九年に改正された地方自治法が「旧来の中央省庁主導の縦割りの画一的行政システム」から、「住民主導の個性的で総合的な行政システム」に変革することを目指しているとし、「設置される市町村の同意を要しない許可は、地方自治体の環境保護・経済的発展の利益に対する侵害」と主張。

第二に、ギャンブルが刑法上の犯罪であることを示したうえで、「公営の場合は特別法（自転車競技法）で公認されてはいるが、地域社会の融和を図り、社会的弊害を最小限に食い止めるために、地元自治体の同意がある場合に限って違法性を免れる」との理論を展開。

最後に「地方自治体の反対を押し切って処分を出した」として、通産大臣（現・経済産業大臣）の裁量権逸脱を訴えている。

「自治体同士では決着せず 地方自治問いたい」

日田市長会見

日田市の大石昭忠市長と、原告訴訟代理人の弁護団らは十九日午後四時、日田市役所で記者会見した。

大石市長は「長い反対運動の中で、自治体同士での決着はないと感じていた。裁判に勝つことが地方自治の“存在”を確認することになる」。寺井一弘弁護士は「前例のない訴訟だが、“新地方自治法”の理念が形式化、空洞化していないか、憲法的な視点から問い掛けたい」と話した。

また、弁護団は「原告適格」について「日田市に訴える資格なしと却下されれば、それこそが憲法違反」と強調した。

同市議会の室原基樹議長、サテライト設置反対連絡会代表の武内好高日田商工会議所会頭も出席。「国と地方の関係を問う画期的な訴訟になる」「“おらが町”として、誇りをもって町づくりを進めたい」とそれぞれ述べた。

弁護団は、第一回口頭弁論は「五月の連休前ごろではないか」としている。

「努力続けた」

経済産業省次官

経済産業省の広瀬勝貞事務次官は十九日の記者会見で、大分県日田市が国を相手に場外車券場「サテライト日田」の設置許可の無効確認などを求める行政訴訟を起こしたことについて「地元の同意を得る努力を時間をかけてやってきた」との見解を示した。

広瀬次官は同車券場の設置をめぐる両者のこれまでの対応を「地元の理解を良く得るように（当事者に）話もし、一九九八年には日田、別府両市の助役による会談を数回にわたり催した」と説明し、「（自転車競技法などの）法令に基づいて慎重な議論をし、（設置許可の）判断をしたと考えている」と語った。

コメント控えたい

経済産業省製造産業局車両課の話 実際に訴状を読んでいないので、現段階でのコメントは差し控えたい。

「推移見守る」

井上別府市長

別府市の井上信幸市長は「別府市としてはコメントする立場にありませんが、その推移は見守ってまいりたいと考えています」とのコメントを文書で出した。

一定の評価できる

大分大学教育福祉科学部の森稔樹講師（行政法）の話 地方が中央に問い掛ける日田市の行動には、一定の評価ができる。場外車券場設置に関し、地元はかやの外となる自転車競技法は見直すべきだ。国と地方の間で、問題が起きることはこれからもあるはず。今後は行政同士の訴訟が増えるのではないか。

【サテライト日田】 日田市友田の国道386号沿いに計画され、鉄骨造り三階建て、床面積約二千四百三十平方㍍。吹き抜け部分に三百㌅マルチビジョン一台を設置、座席は三百六十二席。別府競輪の車券を中心に年間百四十四日発売し、推定売り上げは年間約十七億二千万円。七五％程度が払い戻され、設置者の満江建設に四％の賃貸料、地元日田市には一％が支払われる。駐車場は四百台を確保する。

【地方自治の本旨】 地方自治の基本原則として、憲法九二条で定められている。都道府県や市町村などの地方公共団体の地位、組織、機能その他のあらゆる活動については、これらの地方公共団体が国から独立し、住民の参加と監視によって運営されるという地方自治の原則に基づかなくてはならない—としている。

『大分合同新聞』2001 年 3 月 20 日

転車競技法第四条の定める国の許可処分にあたって設置自治体の同意を要件としていないのは、憲法九二条が保障している地方自治の本旨に違反しているというものであった。

第二は、今回の国の処分は刑法の趣旨にも反しているというものである。もともと競輪事業は刑法一八三条で禁止している賭博罪にあたる。設置予定地域の自治体の同意を得ていない状況においては、その違法性が阻却されないということであった。

そして第三は、国（通商産業大臣）に権限濫用があるというものである。自転車競技法が定める国の許可権限については、大臣に裁量が認められており、不適当と考える場合には許可を与えないことができるのに、日田市が蒙る損害が大きいことを無視してなした処分には裁量を逸脱した違法があるというものであった。何よりも通商産業大臣は憲法九九条に定める憲法遵守義務のある公務員なのである。

少し長くなるが、重要な点であるので、本件処分の違法性についての日田市の主張の骨子を紹介させていただくことにしたい。

自転車競技法第四条は憲法違反

まず第一は、憲法九二条の地方自治の本旨に反した自転車競技法第四条は違憲であるという点である。

そもそも憲法の定める地方自治の本旨の趣旨は何であったか。

日本国憲法は、第九二条において「地方自治」を国家の基本的な統治機構の一環として明確に位置づけ、地方公共団体の組織と運営は「地方自治の本旨」に基づいて法律でこれを定める、と規定している。明治憲法に存在しなかった「地方自治」の保障を新憲法が高らかに謳いあげた意義はきわめて大きい。それは、地方自治体の自治権が、国の意思によってみだりに制約されてはならないこと、地方行政は、地方自治の本旨に即して、積極的に制度の形成・運用が図られなければならないこと、としたものである。換言すれば、「地方自治」とは、住民生活に密接にかかわる地域の共通の仕事を、国家の行政から切り離して地域協同体の手に委ね、地域住民の考えと責任に基づいて自主的に処理させる地方行政のやり方、ということである。

このような「地方自治」は、近代国家のほとんどに採り入れられている制度であるが、それが必要とされる理由は、何よりもまず、地方行政を民主化し、地域住民の自立と連帯によって人間性豊かな地域づくりを果たしていくことにある。そして、地域住民自身が自己の責任と判断で連帯して事にあたることになれば、おのずから地域の実情にあった行政を営んでいくことができることになる。また、「地方自治」は、地域住民がその創意と工夫に基づいて地域の課題を自主的に解決していく過程を通して民主社会に生きる市民としての自覚と公共精神が涵養されることになるので、その意味では民主政治の基礎を形づくる役割を果たすことになる。「地方自治は民主政治の最良の学校であり、その成功の最良の保証人」（J・ブライス）と呼ばれるゆえんである。

ところで、日本国憲法は「地方自治の本旨」に基づく地方制度の構築を要請しているが、地方自治体の憲法上の位置づけや地方行政の具体的内容までは明らかにしていない。それらは時代の進展、地域社会と文化のありよう等によって変容されていくことが前提となっているものと考えられる。ただ、憲法が、国家の管理（国政）については国家が行うものとして、国会、内閣、司法及び財政の章を設け、地域社会の管理（地方政治・行政）については地方自治の章を設けていることから、その基本的精神としては、地方

地方自治に関する日本国憲法の規定

92条

地方公共団体の組織及び運営に関する事項は地方自治の本旨に基づいて、法律でこれを定める。

93条

地方公共団体には、法律の定めるところにより、その議事機関として議会を設置する。

地方公共団体の長、その議会の議員及び法律の定めるその他の吏員は、その地方公共団体の住民が、直接これを選挙する。

94条

地方公共団体は、その財産を管理し、事務を処理し、及び行政を執行する権能を有し、法律の範囲内で条例を制定することができる。

95条

一の地方公共団体のみに適用される特別法は、法律の定めるところにより、その地方公共団体の住民の投票においてその過半数の同意を得なければ、国会は、これを制定することができない。

自治体は国の施策に準じた行政を担うための国の補足的・従属的な団体ではなく、国と対等な統治団体と位置づけていることは明白である。

新地方自治法は憲法の具体化

次に「新地方自治法」の施行は何を意味したか。

一九九九年七月に大改正された「新地方自治法」は、一九九五年の地方分権推進法に基づいて設置された地方分権推進委員会が行った第一次から第四次の勧告に則って行われたものであるが、国と自治体、都道府県と市区町村の行政面での「対等原則」を定め、まさに日本の地方自治法制を憲法の原則に従って、一新し、具体化したものであった。「二一世紀のわが国は『地方分権』と『住民自治』の時代である」と広く言われているが、今次の大改正は、まさしくそれを現実のものとし、将来の方向性を指し示す戦後五〇年ぶりの大事業であった、と言ってよい。

「新地方自治法」は、新たな分権化時代に対応するための不可欠の定めとして、国と地方自治体との役割分担を定める規定を新設した点に最大の特徴がある。今回の地方分権改革では、従来の中央集権型の実態を呈する行政システムの制度疲労を踏まえて、真の地方分権型行政システムを構築していくという観点から、国と地方自治体との役割分担を定める一条の二が新設された。

すでに一九九六年末の国会で内閣法制局長官は、「自治体は内閣から独自の行政権をもつという意味で、憲法六五条に定める内閣に属する行政権について憲法九四条にでている自治体の行政執行権を除いたのが内閣の行政権である」旨、公権的解釈を述べているところであるが、新地方自治法一条の二は、その第一項において、「地方公共団体は、住民の福祉の増進を図ることを基本として、地域における行政を自主的かつ総合的に実施する役割を広く担うものとする」と定め、地方自治体の権能、役割を明示した。そして、第二項において、これを実現するために、国の関与すべき事務を限定し、かつ、それぞれの担う役割分担を次の通り、明確にした。

「国は、前項の趣旨を達成するため、国においては国際社会における国家としての存立に関わる事務、全国的に統一して定めることが望ましい国民の諸活動若しくは地方自治に関する基本的な準則に関する事務又は全国的な規模で若しくは全国的な視点に立って行わなければならない施策及び事業の実施その他の国が本来果たすべき役割を重点的に担い、住民に身近な行政はできる限り地方公共団体に委ねることを基本として、地方公共団体との間で適切に役割を分担するとともに、地方公共団体に関する制度の策定及び施策の実施に当たって、地方公共団体の自主性及び自立性が十分に発揮されるようにしなければならない」

以上によって明らかな通り、「新地方自治法」は、国は国でなければできない仕事のみを行い、地方自治体を地域における総合的行政主体と位置づけ、住民に身近な行政を優先的に担うことで地方自治体の仕事を充実拡大させていくことを求めている。すなわち、地方自治法の今次改正は、地方分権の目的・理念、改革の方向について、「旧来の中央省庁主導の縦割りの画一的行政システム」から、地域社会の多様な個性を尊重する「住民主導の個性的で総合的な行政システム」に変革することをめざすものであって、これこそ憲法の謳う地方自治理念の具体化というべきものであった。

「新地方自治法」の定めによれば、地方公共団体は、地域の個性、住民や企業の指向を踏まえて、個性的な地方公共団体として発展していく権能、及び、それを実現するために総合的に施策を立案し、遂行する権能を有しなければならない。そのために、地方分権推進委員会は、「地域づくり」、「くらしづくり」の二重の観点から地方公共団体が有すべき権限を検討し、地方公共団体に委譲するよう提言したのである。したがって地方自治法は以上の趣旨に沿って運用されるのであり、特に「まちづくり」については、地方分権一括法により市町村への権限委譲が行われ、市町村マスタープランの作成によって実効的な土地利用、土地計画を進めることができるようになっている。すなわち、「まちづくり」は、地方自治体の全面的な意思決定に基づいて行われることとなった。

ところで、競輪の場外車券売場の設置は、まちづくりにとってきわめて重要な要素である。このような場外車券売場の設置について、設置希望者の申請と通商産業大臣（現在は経済産業大臣）の許可のみに関り、設置される地元の市町村の同意を要しないとすることの違憲・違法性は明らかである。

昭和二三年に施行された自転車競技法は、その第一条において、「自転車産業の振興と地方財政の健全化」の目的を掲げているが、その四条で場外車券売場の設置を通商産業大臣の許可だけにかからしめている。つまり、本件でいえば、公営ギャンブルである「別府競輪」の場外車券売場を設置しようとする地域に責任と権限を有する日田市の意向を全く考慮することなく断行できるというものである。言うまでもなく、日田市に設置予定の場外車券売場は、前述した通り、「別府競輪」の単なる車券発売所というものでなく、「サテライト日田」の名称表現にあるように、敷地総面積四〇二〇平方メートルのなか、大型スクリーンによって競輪そのものを実況中継して観戦させる施設であって、文字通り「別府競輪場」そのものと評してよいものである。

日田市のめざしている「まちづくり」にとって、「自転車産業の振興」や「地方財政の健全化」を目的とする「別府競輪」といえども日田市の意向を無視して合法化・合理化できる理由は何一つない。

これに関連し、現在、日本において許容されている公営賭博は、競輪（経済産業省）のほか、競馬（農林水産省）、オートレース（経済産業省）、競艇（国土交通省）であるが、競輪を除く三つの競技が運用上設置自治体の同意を条件として場外車（馬）券売場等の設置許可をなしている根拠も地方自治の本旨によるものであることに留意されるべきである。実際に別府市において、一九九九年に「ニチドー」による日本中央競馬会の場外馬券売場設置の動きがあった際に、地元住民が反対し、別府市議会も設置反対の請願を採択して事実上反対の姿勢を示したことから、進出計画が頓挫した実例がある。

以上からすれば、通商産業大臣の許可一つで場外車券売場の設置を認める自転車競技法四条は、自治権を保障した憲法九二条に違反し、少なくとも違憲の誹りを免れるためには、通商産業大臣の許可に際して設置される地方自治体の同意を不可欠の条件としなければならない。そのいずれも欠いている自転車競技法四条は、憲法九二条の地方自治の本旨に反しており、憲法に違反する条項というほかはない。

自転車競技法第四条は刑法の趣旨にも反している

第二は、自転車競技法第四条は、刑法が処罰対象としている賭博罪等について公営に限って違法性を阻却した趣旨に反しているという点である。

そもそも競輪はギャンブルそのものであり、本来は、刑法によって禁止されている賭博ないし富くじに関する犯罪に該当する。賭博・富くじは、射幸心を助長し勤労観念を麻痺させ、さらに副次的に種々の弊害を誘発する風俗犯罪として、刑法一八六条（賭博場開帳等図利）・一八七条（富くじ発売等）によって禁じられている。その立法趣旨に関して、最高裁判所も一九五〇年一一月二二日の判決ではっきりとそれを述べている。

競輪発足当初の歴史は騒擾等の事件の頻発の歴史であり、一九五〇年九月、兵庫県鳴尾（現甲子園）競輪場では観客の一人が警察官の威嚇射撃で死亡する事件さえ生じた。それらの本質は、競輪が射幸性の高い賭博であることから、興奮し苛立った入場者らの騒擾等に結びつきやすいことにある。

刑事事件に至らない場合でも、競輪場や場外車券売場の周辺路上等には、駐車場から溢れた入場者の車両が駐車し、入場者を当て込んだ飲食店が進出して、入場者が客として出入りする蓋然性が高いことから、周辺の小中学校の児童や生徒がこれら入場者と接することなどにより悪影響を受けることが必至である。大衆レジャーとしての側面を備えつつあるといっても、その本質が賭博であることは否定できず、とりわけ昼間から大人が働かずに一攫千金をもくろんで一喜一憂する様を目にすることは、青少年の健全な勤労意欲に悪影響を及ぼすことは明らかである。

また、施設周辺では少なからぬ路上違法駐車や交通渋滞が発生し、前述したような飲食店の進出や、競輪の勝ち負けに一喜一憂し気が荒立ちあるいはすさんだ者も少なからず生まれ、そのような者が徘徊し出入りすることにより、地域の生活環境を破壊し、周辺地域の雰囲気を害し、地域に風紀上の悪影響を及ぼすこととなる。

ギャンブルが公営の場合に限って許容されるのは財政及び経済政策的な配慮に基づく特別立法によったものであり、公営であってもそれが賭博罪等の構成要件に該当する行為であることは変わらない。

賭博ないし富くじ罪に当たる行為であっても、競馬(中央、地方)、競輪、競艇、オートレースなどいわゆる公営ギャンブルを、地方自治体や全額国庫出資の法人(たとえば日本中央競馬会)が主催する場合には違法性が阻却されるものとされ、処罰の対象から外されている。本件で問題とされる競輪は、一九四八年に施行された自転車競技法により公認され、一九四八年一一月、小倉市(現、北九州市)で競輪レースが行われたのが最初である。

刑法によって禁止されている賭博ないし富くじ罪であるにもかかわらず、なぜ、法律によって是認されるかに関しては、一般的には、立法政策上の目的及びその弊害を矯正する措置が存することが根拠とされている。公営競輪にあっては、「自転車その他の機械の改良及び輸出の振興、機械工業の合理化その他の公益の増進を目的とする事業の振興に寄与するとともに、地方財政の健全化を図る」(自転車競技法一条)との政策目的が掲げられている。つまり、競輪には、戦後日本の窮乏した地方財政及び疲弊した経済情勢全般の健全化と、自転車産業の振興を図ることが期待されてきた。

しかし、公営競輪等は、特別法によって公認されて、違法性が阻却されるとしても、それらの行為そのものは本質的に賭博ないし富くじに関する犯罪と同一の行為であり、公営賭博が辛うじて認められるのは立法政策上の配慮にすぎないのである。最高裁判所も一九七五年一一月七日に、公営賭博が立法政策に関わる性質のものであることを、「国や地方公共団体が主催する所論のような行為は、立法政策上許容されているにとどまるものである」と判示している。

競輪は地方自治体が主催する公営事業

刑法上の違法性が阻却されるための実質的な根拠としては、目的の合理性に加え、当該行為の態様が社会的に相当でなければならない。競技場や車券売場の設置、競技の実施、車券の発売や払い戻しなど競輪事業の実施全般にわたって、ギャンブルであることから生起する否定的影響を回避するための十分な措置が講じられることが必要である。

自転車競技法が、公営競輪を公認しつつ、他方で、施行者である地方自治体に節度ある競輪を行わしめることによってその社会的弊害を最少限度に食い止め、あわせて、競輪の公正・安全な実施を確保することにより、競輪から生起する諸々の反社会的事象を厳しく抑止しようとしているのもその趣旨である。

すなわち、同法三条、四条は、競輪場や場外車券売場の設置等には通商産業大臣の許可を要し、施設の位置、構造、設備は命令で定める基準に適合しなければならないとし、同法施行規則三条の四、四条の三では「学校その他文教施設及び病院その他の医療施設から相当の距離を有し、文教上又は保健衛生上著しい支障をきたすおそれがないこと」「入場者の利便及び車券の発売等の公正な運営のため適切なものであり、かつ、周辺環境と調和したものであって、告示に定める基準に適合するものであること」などの基準が定められている。これらは、競輪が、ともすると教育、風紀、衛生、交通等に関し様々な地域社会への弊害を生起することに鑑み、これを回避するために設けられたものである。そして、このような弊害を回避することによってはじめて競輪が地域社会に受容されるのであり、そうであってこそ、競輪事業の円滑、適正な運営が可能となるのである。日本自転車振興会は、そうした趣旨を踏まえ、『競輪五十年史』の中で、場外車券売場について「設置については、地元住民の賛同がなければならないのは当然である」としている（同二〇四頁）。

さらに競輪の実施主体を地方自治体に限った根拠を検討しなければならない。

自転車競技法一条は、実施（行為）主体を「都道府県及び人口、財政等を勘案して自治大臣が指定する市町村」に限定し、「この法律により、自転車競技を行うことができる」と規定している。この法律の趣旨や各規定に則って競輪場等の設置、運営がなされることによって本来賭博罪等に該当する競輪の違法性が阻却されるものである。

そして、実施主体を自治体に限定したのは、それが競輪の社会的弊害の除去及び地域社会との融和という法の趣旨を実現する主体としてふさわしいものと考えたからである。節度あるギャンブルや地域社会との融和という要請と事業収益の向上とは多くの場合二律背反の関係にある。もし、競輪の実施を私人に対し許容したならば、収益向上を図るために、より射幸的な運営がなされたり、地域への悪影響に対する配慮を欠いた設置等が横行することとなりかねない。競輪の実施者は、一方で一定の収益を確保し地方財政健全化等の目的の実現をめざしつつ、他方では、公益を代表する者として、その射幸性を抑制し、地域住民の立場に立って、競輪収益を犠牲にする判断ができる存在でなければならない。また、「地域社会との調整を十分に行うこと」や「場外売り場周辺の環境整備に努めること」を実行できる存在でなければならない。それは、当該地域に責任を負う自治体をおいてない。つまり、公益を代表するにふさわしい当該自治体が実施し、射幸性の抑制や地域社会との融和のための方策を講じてはじめて公営競輪の違法性が阻却されることになるのである。

その結果、場外車券売場が、競輪実施自治体以外の他の自治体の区域に設置される場合は、場外車券売場が設置される区域の自治体がその設置に同意することが、その違法性を阻却するための重要な要件というべきである。

さらに付言すれば、近時の場外車券売場は、宝くじ売場の小屋とは全くイメージが異なるものであって、大きな建物の中の大型スクリーンによってレースの実況放送を行い、まさに競輪場以上に迫力と臨場感のある施設であることは前述した通りである。すなわちそれは、新たな競輪場が設置されるに等しく、しかも一つの施設で幾つもの競輪場のレースが行われるのであるから、弊害として指摘されてきたものは、競輪場の施設の場合よりもはるかに拡散されるというべきである。

このような場外車券売場が、競輪を実施する自治体の区域内に設置される場合は、当該自治体が住民の意見を聞き、議会での民主的な議論や手続きを経て決定されるのであるから、形の上では、競輪の社会的弊害の除去及び地域社会との融和という法の趣旨に沿ったものとなる。自転車競技法四条は、一九五二年の改正により設けられたものであるが、その時点では、大型スクリーンによる複数競輪場のレースの実況などという事態は考えられず、場外車券売場が競輪場設置以上に大きな影響と弊害をもたらすことなど予想できなかったのであるから、競輪を実施していない他の自治体が強硬に反対し、その同意なくして反対自治体の区域内に場外車券売場を設置しようとするなどという場面は全く想定していなかったものである。

場外車券売場を設置するかどうかの判断をなしうる主体は、実施自治体ではなく、設置予定地域の自治体をおいてほかにはあり得ない。すなわち、当該地域に責任を負う自治体の同意なくして、ギャンブルの違法性は阻却されないと解すべきである。そうでなければ、ある自治体の財政上の必要性により、他の自治体が専らこれによって生ずるさまざまな負担を甘受しなければならないことになる。この事件が日田の市民だけでなく、別府の市民の間においても疑問や反発を招いたのは、このような直感的な正義、公平の観念に反すると考えたためではなかっただろうか。自転車競技法四条がこの同意を要件としないのであれば、同条は違法性阻却の要件を充足しないのであるから、同条による場外車券売場の開設は公の秩序に抵触することになる。つまり、設置予定地域の自治体の同意のないまま場外車券売場が設置、運営されるのであれば、それらは賭博ないし富くじ罪として刑法上処罰されるべき行為と言わざるをえない。

したがって、自転車競技法四条は、場外車券売場の設置許可にあたって、設置予定地域の自治体の同意を要しないとする点において、刑法の趣旨に反して違法である。

国の許可処分は法を逸脱した権限濫用

第三は、本件許可処分には通商産業大臣に法が与えた権限の濫用があり、違法であるという点にある。

自転車競技法には通商産業大臣（現在は経済産業大臣）が場外車券売場の設置を許可することができると定められている。これは通商産業大臣の裁量による許可権限を容認するものであり、通商産業大臣は不適当と認める場合には許可を与えないことができるのである。

一方、同法施行規則は四条の三、第一項四号において「施設の規模、構造及び設備並びにこれらの配置は、入場者の利便及び車券の発売等の公正な運用のために適切なものであり、かつ、周辺環境と調和したものであって、告示で定める基準に適合するものであること」として、場外車券売場が設置されることになる自治体の利益を考慮して許可を与えることを定めている。これは、通商産業大臣の許可が、場外車券売場が設置されることによる住民及び自治体の利益を侵害しない範囲でのみ容認されるというものであり、通商産業大臣の権限は、この趣旨に従って制約されるのである。また、これらの規定の趣旨は、場外車券売場が設置される自治体の意見を聴取したうえで許可決定をなすか否かを判断すべき手続き上の保障をも含み、通商産業大臣は、自治体（地域住民）が被ることになる不利益について、充分な意見を聴取し、自治体の判断を尊重して許可処分をなすべきことが求められている。そもそも通商産業大臣は、公務員として憲法に定められた憲法遵守義務を負うのであって、上記の権限発動に際しても憲法を遵守しなければならない。

前述したとおり日本国憲法はその九二条で地方自治の本旨を定め、地方自治法を介して、地方自治体はまちづくりその他固有の行政権能を保障している。そして、本件のような場外車券売場の設置は、自治体による自治権能の核心的な部分を占めるまちづくりそのもの及びまちづくりの基盤を否定するものであって、当該自治体の意思に反して大臣許可が行われることになれば、憲法に保障された自治体の自治権能そのものが根底から侵害されることになってしまう。

したがって、通商産業大臣は、本件許可処分をなすにあたっては、場外車券売場が設置される自治体がこれを受け入れられないとの意向を有している場合には、少なくとも許可処分をなしてはならない義務を負うものというべきである。

すなわち、通商産業大臣が本件処分の権限を逸脱しているかどうかの判断をするにあたっては、①日田市は本件場外車券売場の設置は受け入れ難い旨を繰り返し表明し、市民の圧倒的多数が反対し、近隣住民も建築には同意できないことを明確にしてきたこと②日田市での場外車券売場設置は、これまで進めてきた日田市のまちづくりの努力を根底から破壊する重大な影響を与えるものであること③日田市は、以上の事実を訴えて繰り返し通商産業大臣宛に働きかけを行ってきたこと④本件においては、近隣住民との今後の話し合い調整をなすよう建設業者に要請するというにとどまる別府市の確約書があるのみで許可処分が行われたこと⑤許可処分当時において話し合いによって問題が解決する目処は何一つなく、現在に至るまで日田市の反対の意向には全く変化がないことなどを重視すべきであった。

以上の事実からすると、本件処分は、法の趣旨に基づく手続きが踏まえられることなく、通商産業大臣に与えられた裁量権の範囲を逸脱した違法がある。

私たち弁護団は以上の訴状内容の骨子を大石市長に事前に示していたが、市長は「全く同意見であり、これで結構である」とのコメントを送ってくれていた。その訴状を携えて大分地方裁判所に提出した時、大石市長は私に「裁判所はもとより、被告となった国自身にもこれを懐深く受け入れてくれることを心から願いたいという気持ちでいっぱいである」とつぶやいていたのが印象深かった。

8 「まちづくり権」の提唱

国からの反論

日田市の訴えに対して被告である国は、同年五月二日、答弁書を返してきた。それは、原告の日田市は行政事件訴訟法第九条にいう「法律上の利益を有する者」に当たらないので訴訟を提起する資格そのもの（原告適格）がない、という内容であった。つまり国は、「自転車競技法という法律は、競輪事業におけるさまざまな局面における公正・円滑な運用、安全秩序を確保し、もって収益を公共的な目的に用いることを規定したに過ぎず、直接に地方自治体や周辺住民の個別的利益を保護したものではない」という理由を述べていた。そして、私たち日田市が、訴状において主張した「改正された新地方自治法は、国は国でなければできない仕事のみを行い、地方自治体を地域における総合的行政主体と位置づけ、住民に身近な行政を優先的に担うことで地方自治体の仕事を充実拡大させていくことを求めている。すなわち、地方自治法の今次改正は、地方分権の目的・理念・改革の方向について、旧来の中央省庁主導の縦割りの画一的システムから地方社会の多様な個性を尊重する住民主導の個性的で総合的な行政システムに変革することをめざすものであって、これこそ憲法の謳う地方自治理念の具体化である」という点についても、国は「地方分権一括法は、国に対し、国と地方公共団体の役割分担に関して十分に配慮すべきであるという宣言的・指針的性格を有するに過ぎない」と反論してきた。この背景には、「地方自治の本旨」を定める憲法第八章は制度的保障であり、歴史的、伝統的、理念的に確立されてきた一定の内容をもった地方自治の本質的内容または核心を立法による侵害から擁護する趣旨であって、具体的な権利を認めているものではないという憲法認識が横たわっていた。

行政法学者との提携

私は、これらの考えは、国自らが推し進めようとする地方分権推進の新たな地方自治の時代の要請を認識せず、従来と同様な中央集権型の行政システムの発想、見解に依拠し、地方自治の本旨を無視して、これまでの国と地方との上下主従の関係を保持しようとするものであり、全国の自治体が自主・自立の精神で地域運営をめざそうとしている最中、まさに言語道断というべきもので、地方分権推進に対する挑戦に他ならないものと判断した。

しかし、一方において私は、「いよいよ天王山にさしかかってきた。この『原告適格論』を乗り越えなければ何も始まらない。しかも、この論争は容易ならざる厳しいものがある。現在進められている司法改革の行政法改革検討会では、原告適格を拡大する方向で議論がなされてはいるが、それを待っている訳にもいかないので、相当の覚悟と準備をすることなくしては状況を突破することはできない」と心を引き締め、弁護団の仲間と打ち合わせを重ねた。

そして、私たちは、この問題には行政法の研究者の協力を得ることが不可欠と考え、かねてより知り合いの木佐茂男九州大学教授とコンタクトをとった。木佐教授とは、彼がドイツ留学から帰国後、「人間の尊厳と司法権」を出版するため私が日本評論社の大石進社長を紹介してからの付き合いだった。木佐教授は、私ども弁護団が本件を受任後まもなくから日田市行政訴訟の持つ意義を深く理解して多大なご協力をいただいてきていたが、「原告適格論」でも貴重なアドバイスを下さった。そして、関東在住の人見剛東京都立大学教授、白藤博行専修大学教授、村上順神奈川大学教授の三教授からも比較法研究分野を中心として数々の教えをいただいた。

私は二〇〇一年七月、京都で開催されていた「日本公法学会」に駆けつけたが、昼食時、パンをかじりながら私の悩みに耳を傾けてくれた人見教授が「寺井さんの今の気持ちは、学会で観念的な議論をしているよりも、行政法学者はあげて日田事件の研究に取り組むべきだ、ということではないのか」と語ってくれたことが、私のはやる心を諫めようとしているものと分りつつも、今でも忘れられないぐらい感銘深かった。学会終了後、同教授らは多忙な中を京都ホテルに集い、私の問題提起に対して数々の貴重なアドバイスを下さった。

憲法に保障された「まちづくり権」

そこで私たち弁護団はその後、学者の方々にも意見を聞いたうえで、日田市の大石市長らと相談、日田市には、憲法に保障された地方自治権に基づく「まちづくり権」が存在していることを発想、諸外国における地方自治体の「出訴権（原告適格）」も参考としながらこれを裁判の場において提唱することとした。

ドイツでは「計画高権」として広く原告適格が認められているが、わが国日本においても地方自治体の「まちづくり」に「権利性」を付与し、それが国によって侵害された場合には、当然に訴訟を提起しうる資格がある、と考えたのであった。逆に、その「まちづくり権」がきちんと保障されていなければ、地方自治権も名前だけにすぎず、憲法の定める「地方自治の本旨」も画餅に帰してしまうという発想である。つまり、「まちづくりの内容は、そのまちに住んでいる市民が決める」という、近代民主主義のもとでは当たり前ともいえることを提唱していこうというものであった。

木佐教授によると、「まちづくり権」という言葉はこの日田市行政訴訟で初めて使われたものということで、その概念も内容も未だ煮詰められていないものであったが、私たち弁護団が裁判所で主張した内容は、おおむね次の通りである。つまり、地方自治体は憲法に保障された地方自治の本旨に由来する自治体固有の権能に基づき、行政施策の決定・遂行、自治事務処理の基本規範を策定するが、自治体にはこのような固有の権能に基づいて「まちづくり」の方向を決定し、各分野における自治事務の処理を通じてこれを実行する権能、「まちづくり権」と総称できる権能がある、というものであった。具体的には、地方自治体の自治事務に関する生活安全・公衆衛生・道路・環境・教育・福祉・人権・産業・快適な住環境等をつくる権能が日田市にあり、「まちづくり権」を侵害されたとして国を訴えた日田市には行政事件訴訟法第九条に定める「法律上の利益」が存在し、当然のことながら「原告適格」が存在している、という主張であった。この点についても、この著作の直接的動機になったところであるので、次に詳しく述べることにしたい。

地方自治の本旨とは何か

まず、私たちが「まちづくり権」の根拠とした日本国憲法の「地方自治の本旨」について改めて確認しておきたい。

前述の通り、日本国憲法は、第八章に「地方自治」を掲げ、地方公共団体の組織及び運営に関する事項は、地方自治の本旨に基づいて、法律でこれを定めるとしたうえで(九二条)、意思決定機関としての議会の設置及び地方公共団体の長、議会の議員等の住民による直接選挙を保障し(九三条)、さらに、地方公共団体の自主財政権・自主行政権・自主立法権を保障した(九四条)。

日本国憲法が、第三章国民の権利及び義務、第四章国会、第五章内閣、第六章司法、第七章財政と並列して章を設け、「地方自治」をいわばこれらの規定と同格に掲げた意義を、決して軽視してはならない。

前にも触れたが、明治憲法の下においては、地方自治に関する規定がなく、地方自治は単に法律で定められているにすぎなかった。したがって、当時の地方行政は国の政策に大きく拘束され、戦時体制に入ると国の統制により次第に有名無実化されていった。

また、明治憲法は自由国家の見地より国民に対し自由権を保障したに過ぎなかったのに対し、日本国憲法は社会国家の見地より国民に対し初めて社会権を保障し、国がすべての生活部面について、社会福祉・社会保障及び公衆衛生の向上及び増進に努めなければならないことを責務とした(二五条)。そして、これらの責務は地方自治体においても同様と考えられ、地方自治体は住民の福祉の増進を図ることを基本とされているのである(地方自治法一条の二第一項)。

ところで、日本国憲法制定に伴うこれらの制度的改革は、現代における国民の権利意識の強化及び地方自治の充実を求める住民意識の定着と相応し、地方自治体に対する行政需要をますます増大させた。現在、地方自治体は住民に対し、①住民の安全の確保②住民の生活環境の保全③住民の生活基盤の整備④住民の経済的活動の保障などさまざまな責務を負っている。しかも、地方自治体のこれらの責務はそれぞれが有機的に結び付いており、この複合化した事務を統一的かつ効果的に実施するためには、一つの行政指針が必要となる。すなわち、地方自治体は住民に対し、自らの将来の方向性を示し、住民の生活環境の統合的な保障をめざす「まちづくり」という高度な政策が要求されるのである。

その意味で、日本国憲法が「地方自治」を法律によっても侵害することができないものとして明記し、組織及び運営に関する事項を「地方自治の本旨」に基づいて法律で定めると規定した意義はきわめて大きく、地方自治体の有する自治権は憲法が直接保障した権利であると認識される必要がある。

この憲法の趣旨を受けて、一九九五年七月三日に施行された地方分権推進法（六年の時限立法）は、国民がゆとりと豊かさを実感できる社会を実現することの緊要性にかんがみ、地方分権の推進に関する基本理念を次のように宣言している。

「地方分権の推進は、国と地方公共団体とが共通の目的である国民福祉の増進に向かって相互に協力する関係にあることを踏まえつつ、各般の行政を展開する上で国及び地方公共団体が分担すべき役割を明確にし、地方公共団体の自主性及び自立性を高め、個性豊かで活力に満ちた地域社会の実現を図ることを基本として行われるものとする」(同法二条)。

さらに、同法は国と地方自治体との役割分担について、「地方分権の推進は、国においては国際社会における国家としての存立にかかわる事務、全国的に統一して定めることが望ましい国民の諸活動若しくは地方自治に関する基本的な準則に関する事務又は全国的な規模で若しくは全国的な視点に立って行わなければならない施策及び事業の実施その他の国が本来果たすべき役割を重点的に担い、地方公共団体においては住民に身近な行政は住民に身近な地方公共団体において処理するとの観点から地域における行政の自主的かつ総合的な実施の役割を広く担うべきことを旨として、行われるものとする」(同法三条)と定め、国における行政と地方自治体の行政を峻別し、地方行政は地方自治体の自主的かつ総合的な実施が必要である旨を明らかにしている。

また、同法の趣旨を受けて、一九九九年に制定された「地方分権の推進を図るための関係法律の整備等に関する法律」により改正された新地方自治法は、地方公共団体の役割及び国の役割について、①地方公共団体は、住民の福祉の増進を図ることを基本として、地域における行政を自主的かつ総合的に実施する役割を広く担うものとする②国は、前項の規定の趣旨を達成するため、国においては国際社会における国家としての存立にかかわる事務、全国的に統一して定めることが望ましい国民の諸活動若しくは地方自治に関する基本的な準則に関する事務又は全国的な規模で若しくは全国的な視点に立って行わなければならない施策及び事業の実施その他の国が本来果たすべき役割を重点的に担い、住民に身近な行政はできる限り地方公共団体にゆだねることを基本として、地方公共団体との間で適切に役割を分担するとともに、地方公共団体に関する制度の策定及び施策の実施に当たって、地方公共団体の自主性及び自立性が十分に発揮されるようにしなければならない（同法一条の二）と規定し、重ねて地方自治体の自主性及び自立性の尊重をうたっているのである。

いわば、日本国憲法に定める「地方自治の本旨」が、これらの法律によってさらに明確かつ具体的に確認されたと言える。すなわち、地方自治体は国の従属的・補足的な機関ではなく、国と対等・平等な立場で地方行政を推進する、憲法によって保障された重要な機関であり、地方自治体の有する自治権は憲法上のゆるぎない権利なのである。

したがって、憲法をはじめ、これらの法律によって直接保障された地方自治体の自主権ないし自立権が国の行為によって侵害された場合は、地方自治体は国に対し、その救済ないし予防を求めて出訴しうるものと考えなければならない。けだし、地方自治体の自治権が侵害されたにもかかわらず、司法的救済が得られないならば憲法が保障する地方自治は空文化し、地方自治体の民主的かつ能率的な行政の執行及び地方自治体の健全な発達は望めないからである。

新地方自治法は、①地方公共団体に関する法令の規定は、地方自治の本旨に基づき、かつ、国と地方公共団体との適切な役割分担を踏まえたものでなければならない（同法二条一一項）②地方公共団体に関する法令の規定は、地方自治の本旨に基づいて、かつ、国と地方公共団体との適切な役割分担を踏まえて、これを解釈し、及び運用するようにしなければならない（同条一二項）③法律又はこれに基づく政令により地方公共団体が処理することとされる事務が自治事務である場合においては、国は、地方公共団体が地域の特性に応じて当該事務を処理することができるよう特に配慮しなければならない（同条一三項）と定め、重ねて地方自治体行政への国の不当な関与を厳に戒めているのは前述の趣旨も包含しているものと理解できる。

また、これら諸法令の趣旨から言えば、憲法によって直接保障された権利としての自治権は最大限尊重されなければならず、行政訴訟又は民事訴訟に関する手続法規の解釈にあたっては、地方自治の基本理念を重視し合理的かつ目的的な解釈が行われなければならないと言える。

日田市の「まちづくり権」

次に、日田市の「まちづくり権」についての具体的主張は次の通りであった。

日田市は、二〇〇〇年度を初年度とする第四次日田市総合計画（基本構想・基本計画）を策定した。基本構想は二〇〇〇年六月二三日、市議会において圧倒的多数で可決された。市議会の反対票は、基本計画のうち保育所統廃合を推進となっている点について異議を唱えたもので、この点を除けば、基本構想に対しては市議会全会一致の賛成が得られたものであった。

この第四次総合計画は、地方自治法二条四項に基づいて策定されたものである。地方自治法二条四項には「市町村は、その事務を処理するに当たっては、議会の議決を経てその地域における総合的かつ計画的な行政の運営を図るための基本構想を定め、これに即して行うようにしなければならない」と定められている。したがって日田市は、この定めによって総合計画（基本構想・基本計画）を策定するよう義務づけられ、かつ市議会の議決を経た以上は当該計画にしたがって自治事務の処理をなすよう義務づけられている。

そして、総合計画は、ハード、ソフトの両面で総合的かつ計画的な行政運営の基本的方向性と枠組みを示すものであり、市が進むべき方向とそれを実現する方策＝「まちづくり」を進める最上位計画としての性格を有している。具体的には、①基本構想（「まちづくり」のための基本理念や将来都市像、目標達成のための施策の基本方針を示したもの）②基本計画（基本構想で定めた基本目標、施策の基本方向を受けてその実現に向けて必要となる施策を体系化したもの）③実施計画（基本計画で体系化した施策の効率的な推進を図るために事業の優先順位及び財政状況などにかんがみ主要な事業の年次計画を明らかにしたもの）によって成り立ち、これに示された計画はその進捗状況が管理され、計画・実行・評価・見直し＝Plan Do Check Actionに基づく行政評価システムのもとに、施策や事業の効果が的確に把握されることによって、目標達成がめざされる。そして、総合計画は、市のすべての施策の上位に立つ規範的な性格までを持つものであるから、市の自治事務は、この自治体最上位の総合計画に定められたところにしたがって処理されなければならないことになる。

以上の第四次日田市総合計画＝「まちづくり」計画の基本的性質は、前述のように地方自治法二条四項に基づいて策定が義務づけられた基本構想であるが、こうした計画の策定権能は、地方自治法一条の二、一項に定める自治体の役割（住民の福祉の増進を図ることを基本として地域における行政を自主的かつ総合的に実施する役割を広く担う）から導かれるものであり、さらにこれに定められる自治体の役割は、憲法に保障された地方自治の本旨を根拠に置くものである。すなわち、この総合計画は、憲法に保障された地方自治の本旨に由来する自治体固有の権能に基づいて策定された、行政施策の決定・遂行、自治事務処理のための基本規範である。

自治体には、このようにして、固有の権能に基づいて「まちづくり」の方向を決定し、各分野における自治事務の処理を通じてこれを実行する権能があるのであって、これらの権能を総称して、自治体の「まちづくり権」ということができる。

そして、地方自治法は、そうした自治の枠組みを示したうえで、国に対し、これを尊重し、侵害しないよう義務づけている。すなわち、地方自治法一条の二の二項は、国は上記の自治体の役割と趣旨を達成するため、自治体との間で適切に役割分担し、施策の実施にあたっては自治体の自主性及び自立性が十分に発揮されるようにしなければならないと定めている。

また、地方自治行政の基本原則を定めた地方自治法二条は、自治体に関する法令の定めや法令の解釈・運用は、地方自治の本旨に基づいて、かつ国と自治体との適切な役割分担をふまえたものでなければならないとし（一一項・一二項）、さらに、国は自治体が地域の特性に応じて自治事務を処理することができるよう、特に配慮しなければならないと義務づけている（一三項）。

以上の定めは、第一に、本件総合計画に基づく日田市の「まちづくり権」が、憲法に保障された地方自治の本旨に基づいて自治体固有の権限として遂行されるものであることを示すものであり、第二には、国はそうした「まちづくり」計画に基づく自治体の権限行使を尊重し、侵害してはならないことを定めるものである。

そして、自治体に関する法令やその解釈・運用は地方自治の本旨に基づかなければならないと定めていることは、国の立法及びその解釈適用にも憲法上の限界があることを示している。すなわち、地方自治の本旨に抵触する法令やその解釈運用はもちろんのこと、自治体に一定の事務を義務づけたり、自治体の事務の処理方法に関して何らかの定めをなす場合にあっても、憲法上の限界を超えるものについては違憲・無効と言うべきなのである。そして、日田市総合計画に象徴される「まちづくり権」は、地方自治の本旨の核心をなすものとして、国の立法及び解釈・運用において、侵害することのできない自治の領域を画するものといえる。

第四次日田市総合計画の基本骨子は、日田市民が誇りとして守り育ててきた、豊かな自然や歴史・文化を生かしながら、時代の変化と要請（環境の世紀、少子高齢社会への移行、人権の尊重、情報社会の到来、地方分権と地域の自立、国際化、そうした新時代に適合した産業の再構築）に即して、「人・まちの個性が輝き、響きあう共生都市」を合言葉にした「まちづくり」を推進するというものである。すなわち、第四次日田市総合計画に定める「まちづくり」の体系は、①人と自然が共生する環境にやさしいまちづくり（自然環境）②調和とうるおいのある快適で住みよいまちづくり（都市基盤・生活環境）③地域の個性を生かし結びあう活力あふれるまちづくり（産業振興）④健やかに生き生きと暮らせる安心・安全のまちづくり（福祉・健康・安全）⑤郷土を愛し心豊かな人が育つまちづくり（教育・文化・スポーツ・人権）⑥多様な関わりあいのあるまちづくり（地域運営）を基本骨子とし、各分野においてこれにしたがった行政施策及び事業を遂行することが掲げられている。

これらの内容が、日田市の将来にわたる自治体としての存亡をかけたものであることは、総合計画が「将来指標」として示しているところをみれば明白である。すなわち、総合計画のうち「基本構想」は、将来指標として、目標年度における総人口を、企業誘致などによる雇用の拡大とその波及効果、地場産業の振興、快適な居住環境整備などの定住化をすすめる各種施策によって人口増を図るとし、六万五〇〇〇人を目標に設定している。地方の市町村にとって、情報化・国際化の一方で進んでいく人口減少傾向は、少子高齢社会への移行とともにとりわけ深刻な問題になってきている。自治体の行財政基盤を危うくするこうした傾向に対し、高齢者が生き生きと暮らせる健康と福祉の向上を実現するためにも、青少年が健やかに育つ環境の整備、産業の振興、快適で安全な住環境の整備などの施策を進めるためにも、子育てしながら働き、生活を維持する年代層の定住化を図ることが、自治体の存亡をかけた切実な課題となっているのである。市民が守り育ててきた自然と歴史・文化を活かした「まちづくり」の体系は、そうした日田市の存亡にかかわる行政施策を示したものであった。

「サテライト日田」は日田市の「まちづくり権」を破壊する

ギャンブルである「サテライト日田」の設置は、このような日田市の存亡をかけた「まちづくり権」の根幹を破壊するものである。日田市は、本件許可処分によって、ギャンブル場に等しい場外車券売場の設置受忍義務を課せられ、これが設置されたときには、総合計画ではまったく予定していない一定の自治事務を処理する義務を課せられ、さらには、総合計画に定めた「まちづくり権」の行使と実現を大きく阻まれることになるのであって、そうなれば、日田市の将来にわたる自治体としての存立は根底から脅かされることになる。すなわち、本件許可処分は、そうした意味で、日田市の「まちづくり権」の基本を根底から否定し、これを亡きものとするに等しい処分といえる。

そもそも別府市は、日田市に場外車券売場を開設することにより、これによる否定的な影響は一切引き受けないことを含めて自治体として当然負うべき責任を回避しながら、財源を確保するという利益を得ることができる。しかし、その一方において別府市のこのような選択を容認する本件通産大臣（当時）の設置許可処分は、以下具体的に指摘するような日田市の法律上の利益を侵害することになる。

その1・日田市の「設置」に関する決定権を奪われる

まず第一は、場外車券売場の設置そのものについて受忍義務を課せられることである。

今日における場外車券売場は、ただ場外において車券を発売し、当たり車券を換金するだけのものではなく、競輪競技をいながらにして楽しむことのできる空間が用意され、そこに多くの人々が集合して賭けに興じるギャンブル場そのものである。競輪の開催は、平日にまたがることから、興じる競輪ファンは競馬とは異なる面があり、またほとんどが男性であって、一般の勤労市民が集うことが少ない賭博であるとされている。サテライト方式の場外車券売場にこうした人々が集い、競輪に興じることによって、開催地の自治体としての品格が大きく損なわれる。例えば、東京都の立川競輪では、厳重な警備体制をとっているにもかかわらず酔っ払いが増えて自転車泥棒のような犯罪から殺人事件のような重大犯罪までが引き起こされている。飲酒しながらの通行、周辺空き地や道路上でのたむろ、交通の混雑、ハズレ券のみならず空き缶、空瓶、タバコの吸いがら、鉛筆、新聞など大量のゴミの散乱、道路上に唾を吐き捨てたり用を足すなど不衛生な行動、泥棒、器物損壊、喧嘩、イタズラなど、衛生上、風紀上、安全上、教育上深刻な影響が近隣住民から訴えられているが、サテライト方式による場外車券売場においては、平日のほぼ毎日が開催日となることから、競輪場が開催されている地域以上の深刻な影響を被ることになる。

このように、場外車券売場の設置は競輪場を設置したに等しいものであり、国の許可がなされることによって、設置された地方自治体は、自ら決定したわけではないにもかかわらず、自治体内に公営ギャンブル場が設置されたに等しい場外車券売場を受忍するよう義務づけられることになる。もともと地方自治体がどのような方法をもって自らの財源を確保するかは当該自治体の権能に属し、その方法として公営ギャンブルを開設してその売り上げを充てるように決定することも含め、当該自治体固有の権能であるといえる。つまり、これらの権能は、積極的にも消極的にも行使することができるものであり、財源確保につき公営ギャンブルには依拠しない方法を選択することもまた、自治体の権能なのである。

したがって、地方自治体が財源確保のためにギャンブル場を開設することを決定するについては、当該ギャンブル場設置に伴って生じる自治体の負担もあわせ総合的に勘案してなされることになり、自治体によっては、文教地域であることや歴史的・文化的な地域の特性、さらには当該自治体の産業政策による影響など当該自治体の地域性から、仮に財源を確保できるメリットがあったとしても、それ以上にデメリットが大きいと判断して公営ギャンブル場の開設をしない方針を持つことが当然できることになる。

すなわち、自転車競技法第一条は、指定市町村はこの法律により自転車競走を行うことができると定めるが、これは自転車競技を行うと決定することも、行わないと決定することも当該自治体の固有の権能であることを意味している。このような固有の決定権能は、直接的には自転車競技法に具体的根拠を置くものであるが、より基本にあるのは、憲法に規定された地方自治権にあることは言うまでもない。さらにいえば、ある自治体が他の自治体の財政的利益のための手段となるような関係はおよそ近代法の思想とは相容れないというほかない。

ところで、自治体が開設する競輪について他の自治体に場外車券売場を設置することを経済産業大臣が許可した場合には、「設置」された自治体は設置を拒む正当な権限を行使することが不可能な立場に置かれるが、場外車券売場はギャンブル場を開設したに等しいものであるがゆえに、前述した自治体固有の権能を実質的に侵害されることになる。「設置」された自治体は、この公営ギャンブルによる財源確保の利益をほとんど受けることはできないのであるから、まさに「踏んだり蹴ったり」の状態におかれることになる。

その2・日田市は予定しない行政権能を強いられる

第二は、予定しない行政権能を行使するよう受忍義務を課せられることである。場外車券売場の設置が許可されることによって、「設置」された自治体は、これが設置されなければ行使する必要のない公安・公衆衛生等、もろもろの負担を強いられることになる。特に、日田市における場外車券売場設置予定地は、隣接地に、市民が家族とともに憩い、あるいはスポーツを終えた学生生徒や市民が汗を流している温泉ランドがあることや周辺地域の学校に通う生徒の通学経路になっているところ、前述したような影響から市民を守るため、周辺地域における交通、ゴミ収集、風紀・安全対策、公衆衛生上の格段の行政権能の行使が要求されることになる。また、犯罪の多発についても、警察権の行使は都道府県自治体の権能であるものの、市自体としても、泥棒、器物損壊、イタズラ、喧嘩といった日常的発生が予想される犯罪については、設置場所周辺のみならず、市の全域にわたって被害を防止するための行政措置を講じなければならないことになる。つまり、場外車券売場の設置によって、「設置」された自治体は、設置されなければ行使しなくても済んだ左記の権能の行使を義務づけられ、そのための財政支出を受忍する義務を負わされる。

すなわち、「設置」された自治体は、自治事務に属する権能として、ごみの収集処理、し尿の収集・処理、上下水道などの各種公共事業の実施、道路などの設置管理、学校教育、交通など生活上の安全や公衆衛生、環境保全に関する権能を有し、市民に対しこれを適切に行使する責任を負担させせられる。具体的には以下の通りである。

①ごみの収集処理

「サテライト日田」で発生するごみは基本的には事業系廃棄物として設置者が処理するよう義務づけられるが、磁気が入っている車券は資源としての活用が困難で、結局は市の施設で焼却処理することになる。また、周辺の国道・市道に散乱した新聞（ケイリン新聞等）、はずれ車券、空き缶・空瓶等の収集・処理については、市が全面的に責任を負うことになる。日田市総合計画では、ゴミの減量とリサイクルの推進を骨子とする資源循環型社会をめざす廃棄物対策の推進が掲げられているが、「サテライト日田」の設置によってもたらされるものは、そうした総合計画に逆行し、多大な費用負担を強いられることになる。

②道路・公共交通

「サテライト日田」の開設は、交通量を格段に増加させ、市民の交通安全と利便を確保するために、交差点や迂回路整備、交通規制、周辺市道の整備、ガードレール・横断防止柵・カーブミラー等の交通安全施設の設置が求められる。このほか、開催日ごとに道路や側溝の清掃業務が要請されることになる。日田市総合計画では、市民生活に伴う交通量が増加するなか、交通渋滞・交通事故増加・駐車場不足が深刻化しているところから、効率的な交通体系を確保し、交通利便性や安全で快適な道路空間の確保を図る道路改良・維持補修を進めることが定められている。場外車券売場の設置は、こうした計画による道路・公共交通づくりのための人的・物的基盤を喪失させる。

③学校教育・福祉・安全・医療

「サテライト日田」が開設されることにより、広範な地域からギャンブルに群がる人々（暴力団を含む）が日田に集まり、家庭・学校・地域における生活と安全・福祉をおびやかす。こうした危険から市民を守り、危険が具体化したときにはこれを解消して市民を救済することが、自治体の重要な責務となる。

そのために、児童・生徒・保護者に対して、車券売場への立ち入り及び車券購入禁止等の指導や、開催日の交通量増加に伴う交通安全指導を徹底することが求められる。さらに、ギャンブルによる射幸的・退廃的風潮が家庭・学校・地域の崩壊につながるが、そうなったときには、回復のために多大な努力を強いられることになる。たとえば、福祉の分野においては、相談業務の増加や生活保護世帯の増加につながる。このことは、医療保険（国民健康保険）の財源確保にとっても問題が生じ、犯罪被害に対応した医療費負担とともに、福祉や医療分野における行財政上の負担は無視できないものとなる。つまり、これらの負担による損失はきわめて甚大なものになるのである。

④犯罪対策

前述した立川競輪に関する市民の声にみられるように、市民の財産や身体・性的自由を侵害する深刻な犯罪が問題になっている。こうした犯罪を防止するため、安全な道路やまち並みを整備するなどの対策が求められる。また、特に子どもや女性、高齢者が被害を受けやすく、これらの市民が被害を受けたときに求められる福祉サービスの提供も求められる。こうした対策に振り向けることを要請される努力と財源は多大なものとなる。

その3・日田市本来の「まちづくり」機能を制約される

さらに第三は、日田市の「まちづくり」の権能行使を制約されることについて受忍義務を課せられることである。場外車券売場の設置許可は、「設置」される自治体がその固有の権能を行使して形成してきた健康・福祉・教育・環境・産業等の「まちづくり」に取り返しのつかない損失を被らせ、場外車券売場が設置されなければ発揮できたはずの権能について、大きな制約を課せられることを余儀なくされる。立川市住民は、自治体の品格を損ない、子どもたちの教育環境を阻害し、犯罪を多発させて人々の心や身体、財産や生活に、容易に回復できないダメージを与えていることを告発している。場外車券売場「サテライト日田」が設置されたときには、日田市がこれと同様の影響を被ることになるのであるが、その場合には、日田市が創意と工夫を凝らし、歴史と文化を重んじ、日田市民の誇りとして、まち並みや市民相互の信頼を基礎にした品格あるコミュニティーづくりを企画し実行に移してきた成果が、決定的に破壊されることになる。日田市が作ろうとしてきた「まちづくり」は、歴史を想起させるまち並みや施設などハード面のみならず、人間としての品位にあふれ文化の香り高い市民の生活を実現することにあり、立川競輪場周辺住民の声にみられるような犯罪が惹起されるならば、それだけでも、こうした「まちづくり」に決定的な打撃を与えることとなる。場外車券売場の設置によってもたらされる退廃は、市民の間に人間への不信をもたらし、豊かに形成してきたコミュニティーを破壊することになる。こうした破壊は、日田市が取り組んできた「まちづくり」計画の実施を大きく制約することにもなることは明らかである。

つまり、本件許可処分は、場外車券場が設置されなければ行使できたはずの自治体固有の権能を著しく制約するものでもある。

自治体は、文化、市民生活、交通安全、観光を含む産業、青少年の育成、学校教育などの広範な分野にわたる自治事務を実施する責任を負っている。そして日田市は、地方自治法に基づいて義務づけられている基本構想としての総合計画＝「まちづくり」計画を策定し、これにしたがって自治事務を処理する義務と権能を有している。もともと日田市総合計画は、自然と歴史・文化を重んじ、①人々が自然との調和のもとで、②うるおいのある快適で住みよい都市基盤と生活環境を整備し、③日田という地域の特性を活かした活力ある産業振興と、④人々が生き生きと暮らすための福祉・健康・安全の確保、さらには、⑤豊かな心を育てる教育・文化・スポーツを充実させ、人権を保障すること、⑥人々が多様にかかわりあう地域・自治体運営を基本骨子とする「まちづくり」を進めるとしているが、何度も繰り返してきたように、「サテライト日田」の建設は、これら総合計画に示された「まちづくり」のいずれとも共存できるものではない。かえって、場外車券売場の設置によって、総合計画を推進するための都市計画・住宅・交通・教育・文化・健康・福祉・医療・人権・産業など広範囲にわたる自治体の権能行使が大きく阻まれ、この「まちづくり」を不可能にしてしまう。

このように、場外車券売場の設置は、日田市に対し、公営ギャンブルによる前述の損失や負担を強い、日田の「まちづくり」に関する固有の権能を著しく制約してしまうものであり、本件設置許可処分は、日田市に対し、そうした「侵入」を受忍しなければならない地位を強いるものである。

したがって、日田市は、憲法と法律に定められた「まちづくり権」という「法律上の利益」を有するものであって、当然に行政訴訟手続法の「原告適格」となりうる資格を有する、との主張であった。

9 「法に叶《かな》い、理に叶い、情に叶う国であれ」

大分地裁での審理始まる

国相手の行政訴訟は、二〇〇一年五月八日の第一回口頭弁論を皮切りに、日田市と国との間で激しい論争が展開された。初弁論では、私から、日田市長である大石市長の冒頭陳述を認めてほしいとの要請を裁判所に対してなし、裁判長はこれを許可した。大石市長は「設置許可は地方分権の流れに反し、地方自治権を無視する国の横暴は認められない」「民意を反映しない自転車競技法は自治体の自主性や権限を侵略するもの」「住民主体のまちづくりを根底から覆すもの」ということを中心に四年半にわたる反対運動の思いを披露し、室原翁の「法に叶い、理に叶い、情に叶う国であれ」の言葉で締めくくった。法廷は大分地方裁判所で最も大きい第一号法廷が使用されたが、第一回以来ずっと日田市から駆けつけた市民が傍聴席を埋め尽くした。

普通の裁判では、法律の専門家である原・被告双方の代理人の書面提出だけの数分間で弁論が終わるのが通例であるが、私たち弁護団は傍聴人のために毎回難解な書面をできるだけ分かりやすく要約して数十分にわたって陳述することにした。

前述した通り、国側は、「日田市には原告適格がない」という主張一本で反論してきたので、私たち弁護団は行政法関係の学者の方々との連携を強めて研究を重ねてきた。そして、地方自治体の原告適格に関する裁判例がわが国には存在していない実情に鑑み、このような場合には、わが国地方自治法制の母法という性格を持っているドイツ法などを参考にすることが何よりも大切との判断から、大学教授三名による鑑定意見書を提出した。専修大学の白藤博行教授はドイツ、神奈川大学の村上順教授はフランス、東京都立大学の人見剛教授はアメリカと日本を分担し、「それぞれの国に関する学説及び裁判例からみた『まちづくり権』の侵害を理由とする地方自治体の原告適格について」と題した長文の書面を作成し、甲号証として裁判所に提出して下さった。

鑑定意見書の内容は専門的用語が並ぶ難解なものであったのでここでの紹介は割愛させていただくが、要するにドイツ、フランス、アメリカなどの先進国はもとより、今や地方自治の実質的な保障が認められていることが世界的潮流であって、憲法が保障した自治権を侵害されたと考える地方自治体が、司法による救済を求めて訴えを提起したにもかかわらず、何らの実体審理もせず、これを門前払いすることは、自治権保障がなきに等しいことを意味する、というものであった。

さらに弁護団は二〇〇二年七月、日田市長の大石昭忠氏、日田市議会議長の室原基樹氏、日田商工会議所会頭で「サテライト日田」設置反対連絡会の代表を務める武内好高氏、日田市役所課長の日野和則氏、「サテライト日田」設置反対女性ネットワーク代表の高瀬由紀子氏、日田市連合育友会会長の佐藤里代氏、西新宿競輪誘致反対の会代表の古川昭夫氏の陳述書を裁判所に提出した。以上の七名は、それぞれの立場から「サテライト日田」設置が日田市の「まちづくり」には絶対必要でないと訴えたが、ことに古川氏は日田市民でないにもかかわらず、さまざまな資料分析やアンケート実施などを踏まえ競輪事業の市民に与える悪影響を実証的に報告してくれた。紙幅の関係で、これらの陳述書の全内容を伝えることはできないが、それぞれが最も訴えたかったことを紹介しておきたい。

七人の陳述書

まず、市長の大石氏は先に述べたように商社マンとして海外五〇ヵ国を訪問してきた高い見識を持つ人物であったが、特に一九七四年からの六年間のデュッセルドルフ滞在期間に体験したドイツのギャンブルの実態に触れながら、日本のギャンブルが、娯楽ではなく安易な金儲け手段として利用され、消費者金融破産や多重債務現象の根深い原因となってしまっていることを指摘した。そして大石氏は、「わが日田市民の思いは、競輪の場外車券売場は絶対にいらないということである」と述べ、日田市のまちづくりの主体は、別府市でも溝江建設でも国でもなく日田市そのものであることを説明した。最後には、長期にわたった関係機関との交渉が功を奏せず、国を訴えるという前代未聞の訴訟に踏み切らざるをえなかった苦衷を切々と書き連ねている。

市議会議長の室原氏は、一九四二年生まれであるが、一九五七年から一三年間にわたるダム建設反対運動の先頭に立った実父知幸氏の遺志を継ぐべく日田市議会議員となったいきさつを語ったうえで、日田市議会が一糸乱れず「サテライト日田」設置に反対してきた経過を詳細に語っている。そして、民主主義社会の下での公共事業のあり方を問うたダム建設反対で残した亡父の遺訓は今回の「サテライト日田」にもその根幹で通じるものがあるとし、目的を達するまで全力を尽くしていく決意で締めくくっている。

日田商工会議所会頭の武内氏は生粋の日田人で、一九五四年に地場金融機関である日田信用金庫の創設にかかわって以来、郷土日田の振興発展のため一筋に努力してきた人物である。同

サテライト訴訟
第1回口頭弁論

日田市長 異例の陳述

「法・理・情にかなう国であれ」

第1回口頭弁論後に記者会見する大石日田市長（右）ら

「法にかない、理にかない、情にかなう国であれ」。8日、大分地裁で開かれた別府競輪場外車券売り場「サテライト日田」設置許可の無効確認などを求める国相手の行政訴訟第1回口頭弁論で、原告の大石昭忠日田市長が異例の意見陳述に臨み、提訴理由などを補足した。下筌・松原ダム反対闘争を指導した室原知幸さん（故人）が国の在り方を問うた言葉を引用し「良識ある裁定を」と心情を吐露した。【樋原義則、柳瀬成一郎】

初弁論で日田側は市執行部や武内好高・反対連絡会代表ら市民を含めて約50人が傍聴。寺井一弘弁護団長が冒頭、訴状を補足する市長の意見陳述に許可を求めた。

大石市長は陳述書を手に「設置許可は地方分権の流れに反し、地方自治権を無視する通産省（当時）の横暴」「民意を全く反映しない自転車競技法は自治体の自主性や権限を侵略」「住民主体のまちづくりを根底から覆す」と4年半の反対運動の思いを披露。室原翁の言葉で締めくくった。

国が「原告適格なし」と今月2日付の答弁書で〝門前払い〟を求めていたため、地裁が陳述を認めるかどうかが訴訟の行方を占うと注目されていた。

閉廷後、原告側は県庁で記者会見。大石市長は「国と地方の在り方に絞って陳述した」。室原翁の長男の室原基樹市議会議長は「父の法・理・情の論理の重みを改めて知る裁判になる」と話した。

次回（7月3日）、国側は出訴期間切れや地方自治体に法的利益はないなどの「原告不適格」の論拠を具体的に答弁するとみられる。寺井弁護団長は「類似ケースの最高裁判例などからみて適格性に自信がある。ないということ自体、憲法違反。実質的な審理に入れると確信している」と自信をみせた。

国の代理人は「今後はそれぞれの答弁書を出して対応する」としている。

車券場訴訟

国、全面対決の構え

日田市の原告不適格主張

大分県日田市が別府競輪場外車券売り場の設置許可の無効確認と取り消しを経済産業省に求めた訴訟の第1回口頭弁論が8日、大分地裁（須田啓之裁判長）であった。同省は日田市に原告適格がないなどと主張し、却下を求めた。

進出先自治体が同意しない公営ギャンブル施設の設置許可が憲法92条（地方自治の本旨）に反しないか初めて判断を求めた訴訟。同省は答弁書で①許可無効で日田市が具体的な利益を受けるとはいえず原告適格がない②提訴できる期限（設置許可から3カ月）を過ぎている――と主張した。

日田市は訴状で①教育や生活環境に多大な影響が予想され原告適格がある②市議会の決議も必要で、3カ月以内の提訴は不可能――と主張した。大石昭忠市長は意見陳述で「地方自治を無視した経済産業省の横暴があった」などと述べた。

車券売り場問題を巡って日田市は、別府市に市報記事の訂正などを求めても提訴。4月18日の第1回口頭弁論で別府市は「自治体に名誉棄損で訴える権利はない」と反論している。【柳瀬成一郎】

『毎日新聞』2001年5月9日

金庫の理事長を経たあと会長を兼ねながら一九九三年から一〇年間にわたって日田商工会議所会頭を務め、「サテライト日田」設置問題が惹起された一九九六年一二月からは、民間一五（その後一七）団体からなる「サテライト日田設置反対連絡会」の代表として市民運動を指導してきた。七年間に及ぶ反対運動の経過を詳細に述べた後、「地元の意向を無視してなされた国の設置許可の暴挙に断固として反対し、その無効を訴えていく」と結んでいる。

日田市役所の日野課長は、先に紹介した通りの経歴の持ち主であるが、日田市の歴史に造詣が深く同市の伝統、文化、学問的な「まちづくり」の特徴を詳細に述べるとともに、憲法の定める地方自治権がいかなるものでなければならないかについても論及している。そして、日田市あげての反対運動の歩みを紹介したあと「住民の意思を無視したサテライト日田設置許可を阻止しなければ新しい日田市のまちづくりは生まれないし、次の時代の人たちがまた同じ痛みを受けるのは必至です。こんな苦しみは私たちだけで十分で、これを子ども達や孫、ひ孫、全国の人々にさせるようなことがあってはならないのです」と陳述している。

「サテライト日田」設置反対女性ネットワーク代表の高瀬氏は、老後の両親と暮らすため一〇年前に横浜から故郷の日田市に戻ってきて、都会にない静かな自然の中での穏やかな日々を望んでいたが、まもなく「サテライト日田」設置反対運動の渦の中に身を置くことになった。女性ネットワークは毎月の例会はもちろん、できるだけ多くの機会を作って「サテライト日田」問題を訴えることに徹し、ついには「サテライトのことしか話すことはないのか」等の嫌味を言われるほどになったが、死にもの狂いでデモや署名運動に取り組んできた過去を振り返る。そして彼女は心をこめて語る。「地域の野菜は地域で育つ、と言われるように、木にも、水にも、文化伝統にもそこで生きる個性と命があると思うのです。ですから今、活かそうとしている日田のまちづくりには『サテライト日田』はいらないのです。」

日田市連合育友会の佐藤氏は、日田市内にある小学校一九校、中学校七校の計二六校、生徒数六〇〇〇名の保護者からなるいわばＰＴＡの会長である。日田市は数々の著名な教育者を輩出してきたことは前にも述べたが、今でも子ども達を地域ぐるみで温かく健全に育てていこうという風潮が根づいており、連合育友会は、「子ども」と「親」と「教師」と「地域」の人々の結びつきを図るという理念を実現するために活躍している。その立場から、子ども達の教育と健全な成長に大きな悪影響を与える「サテライト日田」設置は絶対に容認できないと断言し、「国はそこに住む人のささやかな幸せを奪ってはいけないと思います。国は一番基本的なことを忘れてしまったような気がしています。そんな基本的なことを子ども達に語り継いでいきたいと思っています」と綴っている。

東京の西新宿競輪誘致反対の会代表を務めた古川氏は、現在同地域で学習塾を経営している人物であるが、一九九八年から同会の会長を引き受けて以来、不眠不休のたたかいの日々を過ごした。そして、新宿区議会における四回の反対決議を武器に設置業者である旭化成の二〇〇一年六月の株主総会において計画中止を決定させた経緯を詳細に報告しているが、それを実現しえた背景にある競輪場と場外車券売場のもたらす悪弊を数々の資料と調査で裏づけている点はきわだっている。

九大行政法ゼミ生の研究報告書

これら裁判の動きとは別に、九州大学の行政法ゼミの学生一五人は、木佐茂男教授の指導のもと、『〈まちづくり権〉への挑戦』という研究報告書をまとめ、二〇〇二年六月、信山社から出版した。

木佐行政法ゼミは二〇〇一年の法律問題研究を日田市行政訴訟に絞り、まちづくり権、自治権の憲法上の意義、新地方自治制度の仕組みと問題点、世界的な流れなどを多角的に検討するとともに、日田市を現地調査するなどきわめて熱心かつ精力的にこの問題に取り組んでくれた。

「サテライト日田」
問題素材にゼミ

九州大法学部学生が建設予定地を視察

別府競輪場外車券売り場建設を巡り、設置を許可した経済産業省を相手に無効確認などの憲法判断を求めている日田市の訴訟に関心を寄せる九州大法学部の学生らが8日、同市友田の建設予定地を視察し、市民や市当局から事情を聞いた。来年3月ごろ、研究成果をまとめる。

木佐茂男・大学院法学研究院教授（行政法）と木佐ゼミの学部生、大学院生、社会人の計16人。年1回、法律問題のテーマを設定して現地で調査・研究しており、今年は「サテライト日田」問題を素材に選んだ。

学生たちは市民の反応や考え方をルポし、建設予定地を視察した後、市役所でサテライト担当職員から説明を聞いた。質問は住民反対運動の経過や環境への影響、パチンコとの違い、提訴の動機など多岐にわたり、市側は「まちづくりの基本理念に反する」「国との戦いの厳しさを実感しているが、自分たちの町づくりは自分たちで決めるという地方分権を前面に立てた」などと説明した。

ゼミ一行は同夜、市内のホテルで問題点を整理し、「勝訴」「敗訴」を想定して討議した。

木佐教授は「原告適格性の適否など簡単ではないが、問題の本質は広くて深く興味がある。国は自治体から起こされた訴訟を軽くみすぎているのでは」と話していた。【楢原義則】

サテライト建設予定地を視察する学生たち

『毎日新聞』2001年12月9日

私たち弁護団はこの書籍を甲号証として裁判所に提出させていただいたが、注目すべきことは、この研究報告書において「まちづくり権」を基本的人権の一種と位置づけ、憲法一三条の幸福追求権から導かれるものとすることができないかという問題提起であった。詳しく論ずることはできないが、今後の研究課題を明らかにしたものとして高く評価される。

『〈まちづくり権〉への挑戦』の序文で木佐教授は、ゼミの学生、院生たちは、次々と本場の訴訟で繰り広げられる素材に触れるとともに日田市に足を運び、「まちづくり」の実態の中に事件を位置づけることで司法制度の隘路《あいろ》、国の自治体に対する関与のあり方、法の矛盾、自治体の法的無防備などを体感していくことができたと指摘する。また、特筆すべきこととして、今年のゼミ生は全員が一回の欠席もなく皆勤し、これは木佐教授の二四年間の教員生活で初めてのことであったと感慨深く述べている。私も、日田市の市民集会などでこの書籍を執筆した木佐ゼミの学生さんらと話し合う機会を持ったが、全員が「素晴らしい生きた勉強ができた」「本物の大学生活を最後に味わえた」と語っていた。彼らの将来の道がいずれのものとなろうとも、この研究で得たことを貴重な財産としてたくましく前向きに生きていかれることを心から期待したいと思っている。

全国の仲間との連帯

ところで、「サテライト日田」と同じような問題は全国各地でも生じていた。競輪ファンの高齢化に伴い、車券の売上額が減少し、たとえば一九九一年から一〇年後の二〇〇〇年には七二〇〇億円の減収となっていることから、各施行自治体は、場外車券売場の設置に意欲的となり、当然に地元住民の反発を買うところとなっている。財政問題に苦しむ地方自治体が他の自治体の「まちづくり」を蝕んでいくという悪循環は果たしていつまで続くのであろうか。

二〇〇〇年から二〇〇二年にかけて、北海道石狩市、宮城県利府市、東京都新宿区、山梨県甲府市、石川県鳥越村、岡山県津山市の各議会で、場外車券売場を設置するかどうかの審議が行われていた。東京においては、荒川区、墨田区、新宿区、豊島区において場外車券売場の設置計画が表明されたものの、前三区では区内全域で反対運動が高まり、区議会などが反対決議を行なったため、計画は中止されるに至ったが、豊島区では区長や区議会の意思を無視して二〇〇二年六月一一日、設置業者が経済産業省に立川競輪等の場外車券売場を池袋駅東口に設置する申請をなし、今なお地元住民との係争が続いている。豊島区では二〇〇二年六月二四日、豊島公会堂において一〇〇〇名の緊急区民大会、そして一一月二五日には「豊島区サテライト反対シンポジウム」を開催したが、日田市長の大石氏もこのシンポジウムにパネラーとして出席し、連帯して運動していくメッセージを力強く送った。豊島区長の高野元夫氏も「地方分権の時代に地元自治体との事前協議もなく、国の一方的な許可で設置が決められてはたまらない」との姿勢を示し、会場からは「池袋をギャンブルの街にするな」との声が相次いだ。

私も会場の一隅でこの集会の雰囲気に浸っていたが、突然司会者より指名されて発言を求められた。何の心準備もしていなかったが、私は「日田市は今、国の許可処分の無効確認と取り消しをさせるため裁判でたたかっているが、豊島区の場合は、それ以前の段階にあるので、まちづくりの大切さを訴えて、経済産業大臣にハンコを押させない運動を強めていけば必ず設置を阻止することができると思う。ぜひとも頑張ってほしい」と発言させていただいた。そして、これ以降、日田市と豊島区との熱い連携は続いてきている。

日田市が、東京の「サテライト新宿」の場外車券売場の設置計画を断念させた「西新宿競輪誘致反対の会」（古川昭夫代表）から貴重な教訓を得てきたことはすでに述べたところであるが、その後、新たに問題化してきた「サテライト博多」に反対する住民との共闘も始まった。「博多駅前の環境を守る会」の会長小嶋英毅氏の夫人が日田市出身ということもあり、「守る会」は、日田市行政訴訟の傍聴などを行うとともに、福岡市に対してサテライト設置をしないよう強い反対運動を展開している。さらに、最近、サテライト設置問題が浮上してきた北海道北広島市に対しても日田市の運動の資料提供など支援活動を行っており、同じ問題をたたかう全国の仲間とのつながりが強まっていった。

マスコミの取材と報道

ここで私は、マスコミの方々の真摯な取材姿勢と誠実な報道ぶりについても語らずにはおれない。私が初めて大分県の報道関係者に出会ったのは、市議会全員協議会が開かれた前日の二〇〇一年二月一九日夜の市役所での会合であったが、ここに出席した日田記者クラブに所属する全ての新聞、テレビの記者の目は優しくて温かかった。「サテライト日田」問題の経過をよく勉強し、その問題点も的確に捉えていた。「行政訴訟事件では原告適格がきわめて難しいとのことであるが大丈夫か」「周辺住民ではなく、自治体である日田市が国を訴えるというのは先例がないと思うが、勝算はあるのか」という質問が中心だったが、その奥に「何とかして裁判の場における明るい見通しをつけてほしい、それが日田市民みんなの願いである」との気持ちが貫かれていることを随所に感じることができて涙が出るほどの嬉しさがこみ上げた記憶が忘れられない。

午後九時ごろ、この日の会合が終わって廊下に出ようとすると、長身で大柄の中年の記者がやってきて、「どうして東京からやってきて大分の裁判所の事件を担当することにしたのか、日田市は財政が苦しいのであまり弁護費用も出ないと思うが」と聞いてきた。ストレートでぶっきらぼう調の質問なので私も少々むきになって「弁護士というものは必要とされる仕事に携わらなければならない職業である。金など二の次だ」と答えたが、実はこの人物こそ毎日新聞の楢原義則という記者であった。楢原氏は、同社の西部本社の編集委員であったが、「新聞記者の命は現場」という信念のもとに日田市に骨を埋めるつもりで一介の記者として志願復帰を果した身であった。そういう事情で楢原氏は日田記者クラブの牢名主ともいうべき存在で、現在も他社の若い記者が総替りした中で一人黙々と記者クラブの椅子に坐り続けている。「サテライト日田」にかける思いも大石市長らに匹敵するほどのものと感じさせられた。日田市行政訴訟の運動と裁判の動向については、どんな小さな記事でも西部本社に送り続け、二〇〇二年三月六日の全国版の「ひと」欄に、私のことまで掲載してくれる熱心さだった。

このほか、別府市の記者クラブ所属ながら、「サテライト日田」設置問題の取材を追い続けた

『毎日新聞』2002年3月6日

ひと

自治体が国を訴えた訴訟の原告弁護団長

寺《てら》井《い》一《かず》弘《ひろ》さん

まちづくり権無視した国の許可は横暴です

自治体が国を訴えた異例の裁判が、大分地裁で続いている。

大分県別府競輪の場外車券売り場建設を巡り、同県日田市が経済産業相を相手取り設置許可の無効確認などを求めた訴訟だ。提訴から丸1年。原告弁護団6人を指揮し、「憲法92条（地方自治の本旨）違反だ」と、真っ向から国に論争を挑んでいる。

口頭弁論は5回を重ねる。「国は門前払い（却下）を求めるが、予想以上に前向きに審理が進み、手応えを感じる」

日弁連刑事弁護センター委員長などを歴任したらつ腕弁護士である。社会的弱者の事件や無罪を争う殺人事件など、刑事弁護に力を注いできた。当番弁護士運動に携わり、98年から2年間の日弁連事務総長時代は、中坊公平元会長らが提唱してきた司法改革の先頭に立った。

物腰はソフトだが、強じんな信念を秘める。「正義を大切にする人間になれ」。幼いころの母の口癖が、人生の指針になった。

この訴訟を引き受けたのも、「市民や自治体の反対を無視し、国がなぜ一方的に許可できるのか、怒りを覚えた」ためだ。自治権を侵害された自治体の原告適格を認める独仏の判例や学説を持ち出すなど、海外にも目を向ける。全国の紛争地や公法学者も注視する。

「国と自治体は上下・主従から、対等・協力の関係になった。国は自治権を尊重すべきだ。形式だけの判断を求める国の主張に一つずつ反論する。本格審理に向け、これからが正念場です」

文・檜原義則
写真・西本勝

長崎県出身。東京・四谷のリベルテ法律事務所長。日弁連常務理事、東京弁護士会副会長などを歴任。60歳。

怒

論説委員室から

まちづくり権

「まちづくり権」。そんな聞き慣れない言葉が登場した裁判がある。

大分県で「別府競輪」の場外車券売り場を日田市に新設することになった。請け負った建設業者は通産相（現経済産業相）の設置許可を得た。

しかし、市を挙げて大反対する日田市は昨年3月、経済産業相を相手取り、許可の取り消しなどを求めて大分地裁に提訴した。

人口6万人余。江戸時代に天領として栄えたこの町は、いまもその面影を色濃く残す歴史の町。スギの木工業や水郷でも知られ、観光客の人気も呼んでいる。

「歴史と文化、自然を生かしたまちづくりに、車券売り場はふさわしくない」

そう考えた市は、憲法13条に定められた幸福追求権の一つとして「まちづくり権」を考え出した。

いわく、住民は快適な環境で生活する権利を持つが、まちづくりは個々の住民の力で実現できるのではなく、地域全体の取り組みがあって初めて実現できる。まちづくり権は本来個人の権利だが、日田市はその集合体を代理しており、売り場設置は市のまちづくり権を侵害する――。

日田市に協力している木佐茂男・九州大学大学院教授は「まちづくり権には反論や批判もあろうが、地方自治の確立という面からも意義のあることではないか」と話す。

自治体が国を相手に裁判を起こすのは珍しいこと。盆地の小さな町から生まれた新しい権利は、うまく育つだろうか。

〈大峯伸之〉

『朝日新聞』2002年7月26日

ＯＢＳ大分放送田中圭太郎氏の存在も大きかった。田中氏はこの事件発生以来、カメラマン一人を従えてどんな場面にも姿を見せ、その映像を大分県民に流し続けてきた。

「原告適格論」など難解な法律論争が先行しがちな本件日田市行政訴訟事件であったが、それが最後まで多くの日田の市民に支えられることができたのは、これらマスコミ関係者の協力なしにはありえないことだった、と改めて痛切に感じさせられている。

「公正な裁判を求める署名」も五万三九一八名

こうした日田市民以外の学者、学生、全国各地の市民の方々に励まされ、日田市民も「公正な裁判を求める署名運動」に取り組み、わずか三ヵ月で五万三九一八名の署名を集めて、二〇〇一年一二月二七日に大分地方裁判所へ提出した。二〇〇〇年八月の別府市へ突きつけた五万五七〇人の署名数を超えたこの運動に日田市民の熱烈な思いが込められていた。

これら日田市民の熱き思いと願いを込めて二〇〇二年七月二二日には、市民五〇〇人が日田市文化センターに結集した。私たち弁護団の全員も出席した。市長、市議会議長、反対連絡会代表の挨拶のあと、約一時間にわたって私の方から「裁判の経過報告と今後の方針」とのテーマで話をさせていただいた。その中で私は、「日田市には憲法に保障された『まちづくり権』がある。それを侵害された日田市は当然に原告適格を有している。明日は大石市長ら七人の陳述書の提出と経済産業省の平沼赳夫大臣ら九名の証人申請を行う。皆さんとともに本格的な実体審理に入れるよう全力を尽くしていきたい」と述べさせていただいたが、立錐の余地もないほど駆けつけた市民の方々の熱心さに改めて深い感動を覚えさせられた。そして最後に次の四項目のスローガンを採決して集会は終わった。

スローガン

一　日田市のめざす「活力あふれ、文化・教育の香り高いアメニティ都市」を基調とした、まちづくりの理念と相反する施設はいらない

二　青少年健全育成をめざす社会教育や学校教育の妨げとなる施設はいらない

三　歴史・文化によるまちづくり、水と緑の自然を生かしたクリーンな観光都市づくりに必要のない施設はいらない

四　別府市の財政事情のために日田市民が犠牲になるような施設はいらない

「サテライト日田」設置反対市民集会

市民集会入口での女性グループ

一方的な審理打ち切り

弁護団はこれらの動きを受けて二〇〇二年七月二三日、経済産業大臣平沼赳夫氏をはじめ九名の証人尋問を裁判所に申請、日田市の現地検証なども申し立てた。ところがこれに対して大分地方裁判所の須田啓之裁判長は、その次の期日にあたる第九回口頭弁論期日の二〇〇二年一〇月一日に突如結審を告げるに至った。提訴以来一年半以上、それなりに慎重な審理を続け、手応えを感じていた私たち弁護団と日田市民はさすがに愕然とした気持ちになった。

私は、「実体審理に入ることなく結審することはきわめて不当である」として、次回以降、証人尋問に入ることが正しく、そうでなくともまだ日田市側の主張が残っているのでさらに審理を続けるべきと激しく迫ったが受け入れられなかった。おそらく大分地方裁判所の須田裁判長はじめ三名の裁判官は、これ以上審理を続けていけば、実体審理に入らざるをえない状況に追い込まれていくので、この段階で何としても審理を打ち切って結審しておかなければならないという決断をしたのであろう。

行政法の権威である兼子仁教授が、二〇〇二年の春頃に、「寺井さん、原告適格なしで却下するには、一、二回の口頭弁論で打ち切りと思っていたが、結構もっているので、あるいは脈があるのかもしれないよ」と語ってくれていたが、提訴から一年九ヵ月、口頭弁論期日も九回を重ねていたことを考えれば、あまりにも唐突であっけない結審に、改めて落胆させられた。

裁判官の忌避申し立て

直ちに弁護団は、この裁判長の訴訟指揮に対して忌避の申立をなした。その理由は、実体審理に入らないまま結審としたことはもとより不当であるが、仮に百歩譲って結審するにしても、原告代理人が「国側が提出した書面内容に対する反論が少なくとも四点あり、新たな主張も準備しているので次回期日を指定してほしい」と強く要請しているのにこれを認めなかったことは、まさに一方当事者である日田市に対する不公平な訴訟指揮であるというものであった。そして裁判において十分な審理を尽くすことなく終局判断を下すことは一方当事者に対する予断と偏見があることも強調した。

この忌避申立に対して、大分地方裁判所は予測通り一ヵ月後に却下したが、私たち弁護団は福岡高等裁判所に即時抗告の手続きをとった。ここでも実体審理に入らなかったことの不当性と当日の裁判長の訴訟指揮の問題性を訴えたが、さらに私たちは、司法に求められている本来の役割についても言及した。「裁判所は当事者双方に対して公平かつ公正であるべきであることはもちろんである。しかしながら、二〇〇〇年に地方自治法が改正されたことによって、憲法が定める『地方自治の本旨』が具体化され、地方分権が推進されている今日において、裁判所は、地方自治を軽視し、あるいは形骸化する傾向に断じて荷担すべきではない。また、司法には、本来的に行政に対するチェック機能が求められているのであって、特に行政訴訟実務においては、司法の行政に対するチェックがほとんど機能していないことがつとに指摘されている。たとえば二〇〇二年四月八日の内閣司法制度改革推進本部の行政訴訟検討会において宇賀克也東京大学教授のヒアリングが行われたが、ここでも、宇賀教授は『判例で取られてきた行政事件訴訟法九条の解釈は国民の生命身体の危険がある場合のような一部の例外を除いて原告適格を認めるのに相当慎重であり、包括的実効的な権利救済という観点からも法律による行政の原理を司法により担保する観点からも原告適格の要件の緩和が必要だと思われる例が少なくない』として行政訴訟の現状を批判している」と主張した。

そして最後に、「裁判長である須田啓之裁判官は平成五年四月より平成八年三月まで福岡法務局において訴訟部付として国の利害に関する訴訟事件について国の指定代理人としての職務に従事していた。福岡法務局訴訟部付検事は、本件基本事件においても被告指定代理人の筆頭に名前を連ねている役職である。先に詳述した経緯や事情を重ね合わせると、後輩である被告指定代理人に対する共感や、かつて国の指定代理人として培った信条や価値観など、須田裁判官の経歴と本件基本事件における裁判官の予断と偏見の間に、何らかの関係があるのではないかと疑うことはあながち不当なことではないとも思料される」との指摘も行ったのであったが、いずれの論点についても福岡高等裁判所において顧みられることはなかった。

こうして私たちは翌年一月二八日の判決を待つことになったが、その結果が厳しいものになるであろうことはもはや私たち弁護団をはじめ多くの人が予測しているところであった。

もう一つの「広報裁判」全面勝訴

その頃、日田市は、国との裁判のほかに別府市を相手とした別の裁判を抱えていた。それは、別府市が「市報べっぷ」二〇〇〇年一一月号の別府競輪特集で「日田市は許可が下りる前には反対していない」と掲載した記事が日田市の名誉を毀損したものであるから謝罪を求めた裁判である。当初、大石市長は「別府市がなぜ、日田市の反対運動は国の許可処分後に初めてなされた、と広報したのかよくわからない」と述べていたが、「これは全く事実と異なっていて放置できない」との立場から、この記事を訂正するよう別府市に求め続けてきた。まず、日田市は二〇〇〇年一一月二九日、「別府市報一二月号に訂正記事が掲載されなければ名誉毀損で訴える」と表明、その後もさまざまな働きかけを強めたが、別府市は広報記事を撤回することをしなかった。そこで日田市はやむなく別府市を訴えざるを得ないと判断し、市議会にこれを提案、全会一致で承認を得て日田市在住の梅木哲弁護士を代理人として提訴した。

この裁判において、これまで述べてきた一九九六年以降の日田市民あげての「サテライト日田」設置反対運動の数々を主張してきたが、大分地方裁判所は二〇〇二年一一月一九日、日田市の言い分を全面的に認めて、日田市勝訴の判決を下した。

その理由はおおむね次の通りであった。まず、事実認定の前提として地方自治体である日田市に名誉毀損を訴える原告適格があるかどうかが争点であったが、裁判所は「地方公共団体は、一定の地域内における行政を行うことを目的として活動する公法人であり、また、国内に多数存在し、行政目的のためになされる活動等は種々異なり、これを含めた評価の対象となり得るものであるから、それ自体一定の社会的評価を有しているし、取引主体ともなって社会的活動を行うことについては、その社会的評価が基盤になっていることは私法人の場合と同様であるから、名誉権の享有主体性が認められる」と判断した。続いて事実関係については「日田市は、実際には、本件設置許可に先立って、本件設置許可申請の前後を通じ、通産大臣に対して、書面によるか又は下部機関である九州通産局への口頭の申し入れを通じて、明確な反対の意思表示をしていたのであり、本件記事は真実に反する」と断じて別府市の主張を退け、「市報べっぷ」に掲載された記事により、日田市の社会的評価は大きく低下したと結論づけた。そして、「市報べっぷ」に左記の訂正記事を掲載せよ、と命じた。

訂正文

「市報べっぷ」平成一二年一一月号「競輪特集・別府競輪はいま…」に、『②場外車券売場の通産大臣の設置許可まで、「サテライト日田」の場合三年を要した。反対するのであれば、日田市としては、本来、設置許可が出る前に、許可権者である通産大臣に対して明確な反対の意思表示をすべきだったのではないか。』と、日田市が別府競輪場場外車券売場の設置許可まで通産大臣に対して明確な反対の意思表示をしなかった趣旨の記事を掲載しました。しかし、日田市は、平成八年九月に別府競輪場場外車券売場「サテライト日田」の設置が明らかになって以来、通産大臣に対してその設置反対の要望書を提出するなど、通産大臣の設置許可前から明確な反対の意思表示をしていました。

前記記事は事実に反する内容でしたので、訂正するとともに、日田市にご迷惑をお掛けしたことをお詫びいたします。


大石市長は、この判決に対して「日田市の主張を全面的に認め別府市の行為を重過失と位置づけた画期的な判例。別府市が重く受け止め訂正文を掲載することを期待している」とのコメントを発表したが、その後別府市は控訴を断念して本件は一件落着に至った。

この事件については、私ども行政訴訟弁護団も必要に応じて相談に乗っていたが、基本的には大石市長及び市議会、そして梅木哲弁護士の力によるところが大きく、改めて敬意を表しておきたい。

この「広報裁判」において全面勝訴したことで国を相手とした行政訴訟においても日田市の主張を認めた判決を期待する雰囲気が関係者の間で若干ながら生じ、大石市長も「先生、あるいは、ということが考えられませんか」と声をかけてきた。

私は「市長の気持ちはよくわかるが、万が一にもその可能性はないと思っている。民事訴訟においての名誉毀損の救済と行政訴訟においての国の行政処分の無効確認・取り消しを求める事件とでは、その性質が全く異なるものであるし、さらに、実体審理に入ることなく一方的な審理打ち切りをした経過から考えても、残念ながら大分地裁での日田市勝訴は全くありえない。むしろ、本体の裁判で日田市の主張を退けるという、逆のメッセージという感じさえしている。したがって、弁護団としては、原審判決が『原告適格論』で日田市を敗訴させるであろうということを前提にして、次の控訴審でのたたかいに向けて対策を練り始めているところである」と断言した。

それに対して、大石市長は「まあ、そうでしょうな。ただ、なぜ当たり前のことが裁判所で認めてもらえないのか、これから先、どのくらい裁判が続いていくのか、残念な気持ちが強くてね」と感想を述べていたが、その顔には市政の責任者という立場で現場を預かる者としての苦悩がにじみ出ていた。

10　門前払いの不当判決

「日田市には原告適格なし」で却下――福岡高裁へ控訴

二〇〇三年一月二八日午前一〇時三〇分、寒い日であったが日田市から駆けつけた市民らで大分地方裁判所法廷の傍聴席は満席で、全員が固唾《かたず》をのんで判決を待った。須田裁判長は二人の陪席裁判官を従えて席に着くなり「本件訴えをいずれも却下する。訴訟費用は原告の負担とする」と言い渡し、直ちに法廷を去っていった。その間わずか一〇秒前後であっただろうか。

私たち弁護団や市長を含め判決を聞いていた全ての者は、文字通りあっけにとられてしまった。傍聴席にいた市民の中には、あるいは裁判自体が終了したことも理解できないでいた人もいたのではないか。何ともやりきれない思いが私の胸を走った。全市をあげてたたかってきた七年間、裁判だけでも一年九ヵ月、一体この形式的で冷たすぎる幕切れは何なのか。

しかし、判決を終えて裁判所ロビーに集まった市民は誰一人負けたという落胆の表情の者はなく、激しい怒りと次へのたたかいに向けた気概に満ちた顔をしていた。

大石市長の「門前払いの裁判には唖然とし、憤りを感じてならない。ただ、考えてみればこの歴史的な憲法裁判は地方裁判所の手に負えなかったとも言える。次の福岡高等裁判所で堂々と我々の主張を訴えていこう。より住みよく文化の香りの高いまちづくりのため、今後とも断固としてたたかっていく」との挨拶に対して裁判を傍聴した市民が力強い拍手を送っていたことにそれが如実に物語られていた。

私は弁護団を代表し「憲法で保障された自治権を侵害されたとして司法救済を求めているのに、それを一刀両断に否定するのは自治権の保障そのものを否定するに等しい。司法の自殺だ」と語った。判決を傍聴した大分大学の森稔樹助教授も「原告適格の有無で判断せず、住民のまちづくり権について踏み込んだ判断をしてほしかった。地方分権の流れを考えれば、これまでの判例より後退したものである」と補足説明した。

これらの発言を聞いていた市民は皆、怒りにおおわれた表情をしていたが、私の「これから直ちに福岡高裁への控訴手続きをとる」との一声に大きな拍手を送って、舞台を変えるたたかいに臨む決意を固め直してくれた。

この判決模様を報じたマスコミ各社のほとんどが、実体審理に入ることなく門前払いした判

「まちづくり権」門前払い

地裁「原告適格なし」

日田市の訴え退ける

サテライト設置許可訴訟

設置許可処分の無効確認と取り消し請求訴訟の経過

1996年9月	設置業者が日田市に建築協議の申し出
	別府市が日田市に進出要望を伝える
12月	日田市議会が設置反対を決議
1997年1月	日田市長が通産相に反対要望書を提出
7月	設置業者が通産相に設置許可申請
2000年6月	通産相が設置許可
8月	日田市が別府市に反対署名を提出
2001年3月	日田市が提訴

別府競輪の場外車券売り場「サテライト日田」の設置許可をめぐり、日田市が国を相手に、設置許可処分の無効確認と取り消しを求めた行政訴訟の判決言い渡しが二十八日、大分地裁であり、須田啓之裁判長は「日田市は法律上の利益を有せず、原告適格を欠いている」として、訴えを却下した。「まちづくり権」を国に対して問うた裁判は門前払いの形に終わった。同市は判決を不服として即日控訴した。

裁判は日田市の原告適格の有無が争点となった。同地裁は「自転車競技法は、競輪事業の運営が円滑に行われることなどを観点に定められている」と指摘。「同法は地元自治体の住民生活の安全、福祉、教育など個別的利益を保護する趣旨ではなく、日田市は法律上、保護される利益は有せず、原告適格を欠いている」と判断した。

日田市は「地元自治体の同意を必要としない同法は自治権を保障した憲法に違反しており、まちづくり権が行使できない」と主張していたが、「憲法は自転車競技法と目的を共通するものではないことは明らか」と退けた。

訴状によると、施設を設置する溝江建設（福岡市）は一九九七年七月、国に設置許可を申請。日田市側は反対運動をしていたが、二〇〇〇年六月、通産大臣（当時）名で許可が下りた。

サテライト日田をめぐっては、別府市が発行した市報の記事について「内容が異なる」として日田市が別府市を相手に名誉棄損で提訴。同地裁は昨年十一月、日田市の主張を認め、別府市も控訴を断念したため、市報（一月号）で訂正記事を掲載した。

記者会見する大石日田市長と弁護団（県庁）

「地方分権の時代に逆行」

日田市民ため息

「訴えをいずれも却下する」。裁判長が判決を言い渡すと、傍聴席の約三十人の日田市民から、ため息が漏れた。大分地裁玄関で、寺井一弘弁護士が判決の概要を説明し、「このような判決では、日田市民はもちろんのこと、全国で地方自治や住民の権利を守る活動をしている人たちが納得しない。地方分権の時代に逆行する、極めて不当な判決」と話した。

大石昭忠日田市長は終始、厳しい表情。「原告不適格という、一刀両断の判決は大変残念。市民自らが、街を守ろうという意欲を踏みにじられた思いだ」と、怒りをあらわにした。

『大分合同新聞』2003年1月28日

裁判を傍聴した市民に訴える大石市長

判決後の記者会見

決を厳しく批判していたが、木佐茂男九大教授は、「一言で言えば、新しい社会状況や地方分権を一切考慮しない古色蒼然とした判決。名古屋高裁金沢支部が下した高速増殖炉原型炉『もんじゅ』の設置許可無効判決や、この間、下されている行政関係訴訟の流れに棹をさすものといえる。原告となり得る者について、実に古典的な枠組みを使った『法律上の利益を有する者』を、学説どころか最近の最高裁判例の一般論をコピーして使い、『当該行政処分を定めた行政法規』が個別的に保護している具体的な法的利益を持つ者のみに認めているが、これでは、社会の変遷がきわめて激しい中にあって、法令改正が追いつかない現状を司法的に認知するだけで、裁判の権利保護創造機能を自ら放棄するものといわざるを得ない。『法規』という法律レベルの価値を判断基準にして、上位規範である憲法の中身まで決めつけている点では本末転倒と言えよう。憲法上の自治権に関して述べている部分は意味不明であり、外国では自治体が国やその機関を相手方として裁判を起こせるのに、ほとんど理由もなしにこれを切り捨てているのも説得力はない。原告が主張した『まちづくり権』について裁判所の判断としては一言も触れず、原告側は事の本質に言及していないとの感をもつであろう。控訴裁判所は、『もんじゅ判決』のように考え方の枠組み自体を改めて臨むべきだろう」とのコメントを翌日の新聞に発表した。

こうして、たたかいの第二ラウンドは福岡高等裁判所に移った。

控訴審における日田市の主張

私たち弁護団は、二〇〇三年一月二八日の判決直後に控訴状を提出したが、福岡高等裁判所の係属部は民事第四部となり、裁判官は星野雅紀、近下秀明、野島香苗の三氏が担当することになった。そこで私どもは、裁判所と交渉して、本事件の重要性に鑑み、控訴理由書提出日を四月末日までと指定してもらった。大分地方裁判所における原審判決が「原告適格なし」というものであったので、控訴審では何としてもまずこれを突破しなければならないことから、控訴理由書の大部分をこれに充てることにした。

それまで弁護団は訴状及び準備書面の合計六通の主張書面を裁判所に提出してきていたが、大きくは「設置自治体の同意を要件にしていない自転車競技法は憲法に違反している」ということと、「日田市は『まちづくり権』を侵害されたので、国を訴えるための法律上の利益（原告適格）がある」という二点であった。そこで私たちは、後者の論点をさらに深める必要性を感じ、抽象論でなく、過去の判例分析と自転車競技法の歴史研究も含めて処分の根拠法規から丁寧に積み上げていく論法で書面作成をしていく方針を決めた。そして私たち弁護団は、原審判決の批判の骨格を「原告適格に関する判断の誤り」「自転車競技法の解釈の誤り」「自治権（まちづくり権）侵害に関する審理不尽の違法」の三点に置き、五〇頁を超える書面としてまとめ上げた。その細部を紹介する余裕はないが、そのエッセンスだけ次に記しておきたい。

原審判決は、最高裁の判例理論から後退

まず、「原告適格論」に関する部分では、自治体が一般私人とほぼ同じ資格で訴訟を提起する場合と、地域における行政に責任を持つ地方自治体としての資格で訴訟を提起する場合に分けて論じた。そしてそのいずれの場合にも原告適格があることを導き出すために、最高裁判所を中心に過去の判例理論の分析を行った。つまり原告適格論は、主婦連ジュース訴訟（一九七八年）、長沼ナイキ基地訴訟（一九八二年）、伊達火力訴訟（一九八五年）、新潟空港訴訟（一九八九年）、高速増殖炉もんじゅ訴訟（一九九二年）と変遷していくが、最高裁判所は、処分の根拠となっている規定のみならず関連法規を含む「法体系」の中で原告適格が判断されるべきであることを明確に示し、さらに当該行政法規によって保護される法益の性質にも注目して原告適格を柔軟に解決するようになってきていた。

これに対して、今回の原審判決は、既存の原告適格の判断枠組みを墨守するどころか、最高裁判所の判例理論からも大きく後退し、原告適格の判断に際して、もっぱら本件処分の根拠規定である自転車競技法の文言だけに注目する大きな誤りを犯している。そして、私達は、これまでの最高裁判所の判例理論が全て、行政処分の名宛人以外の第三者が私人である場合の原告適格を念頭において形成されてきたことを踏まえ、名宛人以外の第三者が自治体の場合には、当該処分により特定の自治体に不利益が及び、かつその不利益が当該処分を定めた行政法規や

その関連法規の保護する利益に含まれていると解釈できれば、自治体の原告適格は肯定されるべきだと結論づけた。

自転車競技法の解釈も誤っている

次に「自転車競技法の解釈の誤り」の項については、日本自転車振興会の『競輪五〇年史』や古い資料などを参考としながら、場外車券売場の設置に関する法的規制の変遷を、①法制定から昭和三〇年代②昭和四〇年代~五〇年代③昭和五〇年代後半以降の三期に分けて整理し、まず場外車券売場が売上額の少ない赤字寸前の競輪場を救済するためにいわば出店として例外的に認めたものであることを明らかにした。そして、自転車競技法一条は、競輪事業を実施するかしないかを個々の自治体単位で決定し、その上で競輪事業を実施することを定めているのであるから、競輪場をはじめとする競輪事業のための施設は基本的に施行される自治体内部に設置されることが想定されているという「同一自治体内実施原則」があることを強調し、今や大型スクリーンを擁する巨大施設で競輪場本体以上の臨場感と迫力を持つ場外車券売場を主催自治体以外の地域に設置することは、その自治体が同意した場合を除き、全く許されるものではないという結論に導いた。

ちなみに前記日本自転車振興会が出版した『競輪四〇年史』『競輪五〇年史』には、「新設にあたっては地元住民の合意が必要であり、一部住民にでも反対があれば実現しがたい」「設置については、地元住民の賛成がなければならないのは当然である」との記述があることも補足しておいた。そして、私たちは、原審判決には自転車競技法を競輪事業を実施するための法律とだけとらえ、そこから個別の規定を狭く解釈する態度をとっている誤りがあると指摘したのである。

憲法判断から逃げている

「自治権（まちづくり権）侵害に関する審理不尽の違法」の項では、原審判決が、自転車競技法自体の中に憲法に定める地方自治の本旨が配慮されているという、いわゆる憲法適合的解釈を採らないというのであれば、真っ正面から憲法判断をすべきであったと指摘した。つまり、自転車競技法を憲法や地方自治法と無関係であるとする論法を原審判決があくまで貫くならば当然に本件処分により侵害される日田市の自治権に関する憲法判断が求められるはず、というものである。なぜなら、わが国の地方自治の基本構造を前提とすれば、本件のような事例で原審判決の論理により自治体の原告適格を否定することは、憲法で認められた自治権が国によって侵害された場合の救済手段を全面的に認めないことになる。このような結論は日本国憲法が予定した基本理念とは相容れない。こうしたことを念頭におけば、裁判所は日本国憲法による自治権保障を実質化するための判例理論を構築する役割を担わねばならない。また、自治権侵害に基づく自治体出訴の先例が存在していないわが国にあっては、諸外国における取り扱いが参考に供されるべきところ、原審判決では、この点に関して検討を加える試みさえしていない。憲法自身が定める「地方自治の本旨」の存在という基本価値に照らせば、本件処分の違憲性はもはや明白であるところ、原審判決はこうした論点につき何ら言及していないことから「審理不尽の違法がある」と論結した。

第四章　歴史的和解——「まちづくり」は地域の現場から

11　別府市との和解への道

予想外の別府市長の交替

私たち弁護団と日田市は福岡高裁における控訴審でのたたかいに照準を定めていたが、二〇〇三年四月になって政治の場において、誰も予想していなかった状況の変化が生じた。四月の統一地方選挙における別府市長選挙には、現職の井上信幸氏のほか、江藤勝彦、佐藤裕一、そして浜田博の三氏が立候補したが、事前の世論調査での「井上氏圧倒的優勢」の予想を翻して浜田氏が大差で当選したのである。

浜田氏は別府市議を二期、大分県議を四期務めて無所属の立場での出馬であり、朝日新聞四月二五日の「別府市長選挙候補者に聞く」のアンケートでは、場外車券売場「サテライト日田」について「訴訟に持ち込まれ、こういう状況になる前になぜ反対者の声に耳を貸さなかったか、と思う。日田市との間でトップ同士で和解に持ち込めるか、しっかり話し合う必要がある。別府市長が日田市長と会わなかったのはおかしい」と述べていた。一方の井上候補は「場外車券売場の設置者は業者の溝江建設である。設置許可したのは国であって、別府市は当事者ではない」旨従来の持論を述べたあと、「場外車券販売を市が断念することは国との信頼関係を壊すおそれがあり、裁判の推移を見守りたい」と明言し、「サテライト日田」に対する両者の間での明確な見解の違いを見せていた。しかし、選挙戦では、この問題はほとんど争点とならず、現職の井上氏が三選されるだろうという下馬評のもと日田市民もあまり関心を寄せていなかった。

しかし、投票当日の夜一〇時ごろ浜田氏の当選が決まった段階で、日野課長がかねてから懇意にしていたある記者から同氏のもとに電話が入った。それを聞いた日野課長は「それはよかった。どこまで公約を守ってくれるかどうかわからないが、とにかく記者会見の場でサテライト日田問題についての公約を守るかどうかを聞いてほしい」と頼んだ。

その記者会見は、当日深夜に開かれたが、その記者は日野課長との約束通り開口一番、「サテライト日田」問題について質問した。これに対して浜田市長は、「トップ同士の話し合いの場を持って和解の道を探りたい」と答えた。別府市は、これまで一貫してサテライト日田の設置に関する当事者は、設置許可を出した経済産業省と設置許可を申請した溝江建設であるとして、日田市との協議を拒んできていたが、この市長の交替劇は果たしてこの路線に変更をもたらすことができるのか。日野課長は別府新市長の記者会見後、「楽観はできないが、『サテライト日田』の政治的解決の最後のチャンスかもしれない」と気を引き締めた。

日田、別府両市の初めてのトップ会談

この浜田市長の記者会見の内容を知った大石市長は翌日、「日田市としては設置断念を期待している。面会を求められれば是非お会いし、解決に向けて話し合いたい」と協議を歓迎する考えを示した。武内会頭は「市民自身が『まちづくり』を考え、『まちづくり権』を主張してきたので、浜田新市長の決断は大いに評価できる。トップ同士の会談を期待して見守りたい」と語り、室原議長も「行政の長として、きわめて常識的な判断をしてくれた。日田市議会としてもできることがあれば協力し、これを機会に全面的解決をめざしたい」とコメントを出し、期待感をにじませた。

そして、五月二日、日田市の大石市長は、日野課長、黒木係長、五藤主任の三名とともに四月三〇日に別府市長に就任した浜田氏を市役所に表敬訪問、当選のお祝いを告げると同時に「別府競輪の日田進出を断念していただきたい」との要請を改めて行った。

これに対して、浜田市長は、次の四点を語った。第一は、別府市議会が関連予算を否決したことを真摯に受け止める、第二は多くの日田市民が反対していることを理解している、第三は、話し合いで和解の道を探っていきたい、第四は溝江建設、経済産業省と十分協議したいという

もので、最後に「個人的な見解としてだが」と前置きし、「強硬に進めるべきではなく、円満に解決できる手だてを探りたい」ということで締めくくった。

会談を終えて大石市長は、「浜田市長の一存で解決できないことは分かっている。しかし、新しい市長になって状況は大きく変化したと思う」と記者クラブでの会見で感想を述べている。この日のトップ会談に同席した日野課長は「長い間にわたって閉ざされてきた門戸が開かれたこと自体は感慨深いものがある。ただ、別府市役所内の事情や溝江建設、それに国がどう反応するか心配な面もある。これから数ヵ月が山となるであろう」との思いを強く持ったということだった。

諸井虔氏との面談

ところで、控訴理由書を裁判所から指定された日より一〇日以上前の四月一八日に提出することができ一安堵している私のところへ、ゴールデンウィークが明けた頃、大石市長から電話がかかってきた。「先生方には福岡高裁での裁判を徹底的にたたかってもらいたいが、私はこの問題をもう少し広い範囲で議論してもらうことが必要ではないかと考えている。あれほど鳴物入りで政府が中心となって検討してきた地方分権の問題が、こんな形で扱われることは情けない限りだ。ついては、諸井さんに一度会って直接訴えたいので、その機会をセットしてもらえないだろうか。諸井さんの都合に合わせて私はいつでも上京する」という話だった。

諸井さんとは、現在太平洋セメントの相談役であるが、総理大臣の諮問機関である第二七次地方制度調査会の会長も務めて精力的な活動をされている諸井虔氏のことである。私は過去二度ほど諸井氏と話し合ったことがあり、そのことを知っていた大石市長が控訴理由書作成の仕事が終わるのを待って私へ連絡してきたものであった。

大変高名で超多忙な諸井氏が、私のような者の依頼に応じてくれるものかどうか心配ではあったが、以前お会いした時も大変気さくな感じの人柄であったので、それに期待しながらも「駄目でもともと」の気持ちで太平洋セメントの秘書室を通じて諸井氏との接渉を試みた。私からの要請の趣旨を聞いた諸井氏は「分かった。互いの時間が合えば」と快諾していただいた。そして、「五月一九日の午後であれば都合できる」との諸井氏の意向を受けた大石市長は、日野課長とともに上京してきた。

午後三時、諸井氏は太平洋セメントの役員応接室で私たち三人を迎えてくれた。大石市長がこのような面談の機会を作っていただいた感謝の意を述べたあと、「サテライト日田」問題の経過をかいつまんで説明し、「地方分権の時代といわれる二一世紀で、こんな国の処分が許されてよいのか、という深い疑念を持っている。地方自治体の現場を預かる者として申し上げたいのは、地方分権思想が上滑りすることなく、深く定着していくようにご指導願いたいということ

諸井虔氏と握手する大石市長

である」と訴えた。
私の方からは「この間、いろいろ調べて見ると、地方分権構想というものは、全国各地の地方自治体の現場から湧き起こったというよりも、国側の事情で上から提起されたような感じを受けており、実態が伴っていないと思う」と述べさせていただいた。これを聞いた諸井氏は、「自分も大石市長や寺井弁護士の意見と基本的に同じ考えである。地方制度調査会でもさまざまな角度から熱心な議論をしてきたが、真の地方分権を確立していくためには、むしろこれからの課題の方が多い」と語られた。話し合いは、一時間以上続いたが、最後にそれぞれの置かれた立場は違うものの地方分権の真の確立に向けて努力していくことを誓い合って、諸井氏と大石市長はがっちりと握手した。

会社の玄関を出るなり大石市長は「今日はわざわざ九州から出かけてきてよかった。自分たちのやっているたたかいが間違っていないことを確信することができて大きな励ましを受けた。福岡高裁の控訴審で絶対勝利するよう頑張りたい。今日は東京に泊まるのでこれから三人でおいしいものを何か食べに行こう」とご機嫌であった。久しぶりに大石市長の明るい顔を見ることができて私も嬉しくなり、「それでは、網ではなく針で釣った魚を食べさせる珍しい店があるのでそこへ行きましょう」と新橋の小料理屋「かしわや」へ誘った。

控訴審第一回の弁論期日を終えて

控訴審の第一回弁論期日は二〇〇三年六月二三日、午後一時三〇分であった。実はこの一週間前の一六日、福岡高等裁判所の第四民事部の中島省三書記官から私のもとに電話が入った。「第一回期日は予定通り開廷するが、裁判長から、この日で結審することにしたいので、控訴人代理人にこのことを伝えて、何か提出すべきものがあったら準備しておいてほしい」ということだった。私はこの話を聞くなり「裁判所は何を考えているのか。この事件は地方自治の根幹にかかわる憲法問題を問うているもので、その意義は図りしれない。国の答弁書もつい最近届けられたばかりで、それに対する反論は、時間的に次回までには間に合わない。私たち日田市弁護団は、『第一回期日結審』には絶対反対である、と裁判長に伝えてもらいたい」と、事務所の秘書が驚くほどの声で怒鳴ってしまった。

中島書記官は私の勢いに押されたのか、それとも生来の真面目な性格なのか、とても静かな落ち着いた声で「ご趣旨はよく分かりました。先生のご意見をきちんと裁判長にお伝え致します」と対応してくれた。その後星野裁判長はじめ三名の裁判官が当日の進行についてどのような合議をしたのかもちろんわからないが、私たち弁護団と大石市長や日田市関係者は「第一回での結審の可能性はきわめて高い」と考えて裁判に臨むことにした。裁判長から「これで結審」との話が出た時には、私が先頭切って反論し、この事件の重大性と原審判決の問題点を指摘した上で、審理続行の必要性を訴え続け、それでも裁判長が強硬な態度を変えない場合は、他の弁護士が裁判官の忌避を申し立てるなどの作戦を立てておいた。「先生、高裁でもまた、裁判官忌避の申立ですか。一体わが国の裁判所はどうなっているんですかね」と嘆く大石市長の表情には悲しみがにじみ出ていた。


いよいよ第一回期日の六月二三日、私たちは整理券が発行されたほどの大勢の傍聴人に見守られ、最初に、私と藤井弁護士から控訴理由書の要旨を陳述した。理論的に難解な内容であったが、市民の方々は皆、身を乗り出すようにして聞き入っていた。

続いて国側代理人から「答弁書記載の通りです」との発言がなされたが、そのあと、星野裁判長が「今後の進行はどうしますか」と私に意見を求めてきた。私はすかさず「国側の答弁書に対する反論を提出したいので、是非次回期日を指定してほしい」と述べると、裁判長は「どのくらい期間が必要ですか」と聞き返してきた。隣に坐っていた大石市長が「よし」とつぶやいたのが耳に入り、私は「できるだけ急ぐが、一ヵ月半か二ヵ月位あれば」と答えたところ、「それでは」ということで期日の打ち合わせに入った。結局、裁判所、双方の代理人の日程調整がうまくいかず、一一月一〇日の午後一時三〇分が次回期日として指定された。

それでこの日の審理は終了かと思われたが、裁判長は「ところで、この件の政治的結着ということはありますか」と驚くべき質問をしてきた。おそらく、甲五八号証として提出した新聞コピーの中に、四月の統一地方選挙で別府市長に初当選した浜田市長の談話として、「和解の道を探りたい」などの記事が出ていたのを受けてのものだったと思うが、私は「本件に関連した新聞記事をその都度書証として提出させていただいただけで、今のところそこまでの見通しを具体的に持っているわけではありません」と答えるにとどめておいた。裁判長は「分かりました。それでは本日はこれで終わります」と閉廷を宣言した。

政治的解決は可能か——それを模索させた要因

その後の私たちは、裁判所に約束した国側の答弁書に対する反論書（準備書面）を用意する一方で、本件の政治的解決が可能かどうかさらに真剣かつ具体的に検討を進めることとした。

浜田市長は、四月の選挙での当選直後、井上前市長に対抗して掲げた「サテライト日田設置反対」の政策を改めて発表したものであったが、それから二ヵ月近く経ってかなりトーンが落ちてきたとも伝え聞いていたので、果たしてこの浜田新市長のもとで日田市と別府市の和解の道はあるのか、楽観できないものがあるものの、その可能性を徹底的に追求してみることにした。

実のところ、控訴した後の私の胸の中には、この行政訴訟の行く末についてのある懸念がずっとつきまとっていた。その一つは当然のことながら、この裁判で日田市は勝訴することができるだろうか、という心配であった。私たち弁護団は第一審の大分地方裁判所及び福岡高等裁判所における審理で、「憲法論」から「原告適格論」まで、かなり手応えのある主張を展開してきた自負のようなものはあった。過去の判例理論や学会における諸論文の分析の上に立ち、今日の時代における地方自治権の憲法上の位置づけを明らかにするとともに原告適格の判断がいかなる角度からなされるべきであるかの画期的な問題提起も一定程度なしえたのではないか、とも考えていた。「控訴理由書」の原稿を事前にチェックしてくれた村上教授は「このような主張が一顧だにされずに却下されるようではわが国司法は終わりだ」とのコメントを寄せてくれていたので、控訴審の福岡高等裁判所、あるいはその上級の最高裁判所では、原審の大分地方裁判所のような判断をしないであろう、との期待を込めた自信のようなものもあった。

しかしその一方で、私は、どこまで裁判所は日田市が提起した問題に踏み込んでくれるだろうか、との不安な気持ちも拭い切れないでいた。その最も大きい理由は「サテライト日田」が設置される予定の友田地区の現場では起工式が行われたあと、市民の反対運動とこの裁判闘争の過程で、一切の建築工事が進められず、最近では工事のために設けられていた塀も全て撤去されて、駐車場として利用されるに至っているという現実である。つまり、他の行政訴訟で見られる周辺住民の日々刻々受ける被害実態が現在のところ存在しないのである。こういうケースの場合、一体裁判所はどういう姿勢で、この事件に向き合ってくれるだろうか、日田市の「まちづくり権」が現実的には侵害されていない状態では「司法消極主義」に陥ってしまう危険性はないであろうか、という懸念であった。

私ども弁護団はもとより、大石市長はじめ多くの日田市民も、国の許可処分が違憲違法なものであることを司法の場で完膚なきまでに明らかにしてほしいとの強い願いを有していたが、その反面で、結果についての一抹の不安を消すことができなかった。

もう一つの悩みは、日田市と別府市との関係であった。今や、両市の険悪な敵対関係は、九州一円ばかりか全国に知れわたりつつあるが、同じ大分県の山と海の観光都市がこのような争いを続けていってよいのだろうか、またそのことを両市に住んで生活している市民はどう考えているのだろうかという素朴な疑問である。仮に私たちの提起した訴訟が裁判所において勝訴して終局的に確定することができたとしても、国の許可処分自体の違憲違法性が明確にされることにはなるものの、日田市と別府市の修復はどういう経路でなされていくのだろうか、という思いが強まってきていた。

別府市が「サテライト日田」の設置を計画したこと、それを国がいとも容易に許可したことの無謀さは改めて指摘するまでもないが、もし、この段階で別府市が「サテライト日田」の設置を事実上断念してくれるのであれば、それは一つの、きわめて意義のある解決の仕方ではないのか、そうした思いが、私の中にふつふつと湧いてくるのを禁じえなかった。つまり司法の場における「まちづくり権」の法的確認は限りなく大きいものであるが、その一方において「まちづくり」そのものに日田市と別府市という地方自治体が手を携えて下から取り組んでいく社会的意味もそれに負けず劣らず重要なのではないか、というものであった。

別府市の市長が交替したこの時期を絶好のチャンスと位置づけ、七年間にわたる日田市民の運動と裁判闘争の成果を武器にして真っ正面からその可能性を追求するのはあながち間違っていない選択ではないのか。福岡高等裁判所の星野裁判長の発言について六月二四日のある新聞の朝刊は、次回期日が四ヵ月以上先に指定されたこともあってか、「福岡高裁、政治的決着を期待」と報じていたが、それはともかく、私と大石市長、日野課長は、四月の別府市長選挙直後から折にふれ、この問題を話し合ってきていた。

大石市長は日田市のリーダーとしてそのことを私以上に考え抜いており、「どこまでできるかどうか見当がつかない面があるが、とにかく全力を尽くしてみる」と断言したあとで、「ところで、もし別府市が『サテライト日田』の設置を断念したら裁判手続きの方はどうなりますか」と私に問うてきた。「そうなると訴訟の方は取り下げということになるでしょう」と答えると市長は「それでは、先生方に申し訳ないのではないですか。せっかく国相手の憲法裁判をお願いして、ここまで学者の先生方にも応援してもらっていろいろと研究していただいてきたのだから」と恐縮きわまる顔で言った。

私が「そんなことは何一つ心配することはない。弁護士や行政法学者など法律の専門家という立場での関心からいえば、今回の国の許可処分がいかに憲法の趣旨に違反しているかを最高裁判所の大法廷で明らかにしてもらい、『まちづくり権』という権利を法的に確立することができたらという気持ちがないではないが、いつも言っているように私たち弁護士は日田市の中に『サテライト日田』が設置されないという日田市民の願いをかなえるお手伝いをしに来ているのであるから、別府市との間で政治的解決が図られることに何の不満もない」と答えると、大石市長とその側にいた日野課長は深々と頭を下げたあと「精一杯やります。今後もしっかり相談に乗って下さい」と言い切った。そして、大石市長の命を受けた日野課長が別府市との窓口責任者として速やかに動いていくことを確認した。

別府市のトーンダウン

浜田新別府市長の当選によって、政治的状況が大きく変化するかの如き期待をもたされたが、ものごとはそううまく進む訳にはいかなかった。

日田市側の窓口責任者であった日野課長がしきりに別府市の担当である総務課に対して「トップ会談を受けて具体的な協議を行いたいのだが」と話を持ちかけても「検討しているので待っていてほしい」と反応は鈍く、それから三ヵ月あまり別府市の動きは止まってしまった。文字通り完全なトーンダウンである。

実のところ、私は、こうなることを極度に警戒していた。トップ会談以来、三日もおかずに大石市長や日野課長に電話を入れたり、ファックスを送ったりして様子を聞き、催促してきたが、だんだんと両氏の声は落胆に近いものに変わっていった。

六月二六日の定例別府市議会では、サテライト日田設置反対議員でもある平野文浩氏が一般質問の中で「今、国、業者、別府の三すくみの状態に陥っている。事態の進展を図るには、別府市が政治的判断を示す必要があるのではないか。時間がかかるだろうが、民意に沿った政治判断をすることを望む」と質したのに対し、浜田市長は「国、設置業者との協議が必要である。

裁判の経過を見ながら和解の道を探りたい。五月二日に日田市長に会ったのは、現時点での別府市の立場を理解してもらうためであった」と答弁するにとどまっている。

この日の市議会で何らかの進展が見られるのではないかと心半ば期待して傍聴に行った日野課長、五藤主任の二人は「明らかに当選直後の姿勢から後退している。別府市、業者、国などの交渉が暗礁に乗り上げてしまっているのではないか」との懸念を抱き、当日の午後六時、日田市役所に戻ってから私のもとに電話してきた日野課長の声は驚くほど重かった。

政治的折衝の仕切り直し

そして、私は、このままでは大石市長らと申し合わせていた「一〇月末までの政治的解決」には到底間に合わなくなるし、そもそも将来におけるその方向性さえも危うくなると判断し、「夏休みに入る前に対策会議を開く必要があるのでは」と市長らに提案、七月三一日午後に日田市を訪れた。政治的解決というのはいつもそうだがタイミングというものがつきまとう。もしこの機を逸したら元のもくあみだ。浜田市長がトーンを落としている諸事情を客観的に分析し、それを打開していく方策があるのか早急に明らかにする必要を感じてのものだった。

市長の応接室に集まったのは、大石市長、日野課長、黒木係長、五藤主任の四名。この「サテライト日田」問題に携わってきた日田市役所内の責任者ラインの面々である。そして、さまざまな情勢分析をした上で、政治的解決の必要性について改めて確認し、「お盆過ぎを目途に日田市から別府市に対して強力な働きかけをしていくしかない」ことを決めた。

この日、私は日田市に滞在することとし、泊まる時にはいつも顔を出している「弥助すし」に日野課長とともに足を運んだ。ここのあるじは、三隅勝祥氏といい、妻と長男で店を営んでいる。勝祥氏の実父一郎氏はかつて全国すし組合の副理事長を務め、毎年元日には官邸に赴いて歴代の総理大臣に寿司を献上したという人物で、その時の古い写真が店内に飾られていた。長女が司法試験に合格して現在福岡で弁護士をしているのが自慢ということもあって、私の訪問をいつも変わることなくいたく歓迎してくれていた。日田市のまちづくりを見守り続けている一人である。この日も、カウンターの中のあるじがさばいてくれるおいしい魚をつまみに日野課長と二人、「サッポロビール」と「日田焼酎」を飲みながら語り明かした。

日野課長はうっすらと涙を浮かべながら「今日は日田市民でない先生に大変気合いを入れられた。このたたかいもかなり長くなってきて、市民の人たちの献身的な働きにも少し疲れが出始めていることも否定できない面がある。裁判の方は弁護士の先生に任せなければならないが、別府市との折衝には私自身が命を賭けなければならない。七年間にわたる日田市民のたたかいを肝に銘じ、日田市のまちづくりを同じ大分県の別府市に訴えていけば必ず理解してもらえると信じて頑張っていくしかない」と悲壮な決意を語った。

こうして、五月二日のトップ会談以降、鳴りを潜めていた政治的解決に向けての仕切り直しの動きが始まった。まず日野課長は、八月に入ると改めて別府市の総務課へ猛アタックをかけた。九月開催の市議会対策も視野に入れてのものだった。

そして、ようやく八月二六日の別府市との正式な事務レベル協議にこぎつけた。当日は、別府市役所の会議室に別府側から総務課と競輪事業課の職員、日田からは日野、黒木、五藤の三氏が参集した。日野課長が「五月に市長同士の協議がもたれ、六月には福岡高等裁判所で裁判長から『政治的結着』についての話も出たので、今後の対応につき協議していきたい。格別のご協力をお願いしたい」と必死の思いを込めて切り出すと、別府市側は、「浜田新市長の公約を踏まえ、別府市も当事者であることを認め、施行者として解決を考えていきたい。経済産業省にも県内の観光都市同士が何年も争いを続けるのは望ましくないことを伝えていくことにする」と答えてくれた。

この日の協議は、これ以上は進まなかったが、日野課長は九月二日にこれを受けて、溝江建設と九州経済産業局を訪れ、「政治的解決に向けて別府市との協議を始めたので特段の理解と協力をお願いする」との要請を行った。

そして、その後、日野課長を中心とした水面下の折衝と協議が重ねられた。水面下としたのは、この「サテライト日田」問題には、別府市の関係者、設置業者である溝江建設、そして国である経済産業省などそれぞれの立場を抱える複雑な事情が存在していることから、それらをも十分に考慮に入れながら短期に解決の道を見いだすには、少人数で綿密にプランとスケジュールを作っていかざるを得ない必要性に基づいていた。事柄の性質上、その流れを全部追って紹介することはできないが、こうして日田市は一一月一〇日の歴史的な日を迎えていくことになる。

12　別府市の日田進出断念と訴えの取り下げ

湯布院での歴史的な合意

福岡高等裁判所での控訴審第二回弁論期日が定められていた一一月一〇日の前日の九日午後一時一五分、温泉のまち「湯布院」の「山荘・無量塔（むらた）」に、日田市から大石市長、日野課長の二人、別府市から浜田市長、首藤助役らが集った。ここで、まず、大石市長が改めて「サテライト日田」設置を断念してほしいとの文書を提出、これを受けて浜田市長の方から別府競輪の日田進出を断念することが正式に表明され、一一月一〇日の午前一〇時に溝江建設にその旨を報告、その後引き続いて九州経済産業局を訪れて、「サテライト日田」の設置が承認されれば場外車券を発売すると確約した二〇〇〇年二月二五日付書面の撤回を申し入れることにする、との話がなされた。

一方、日田市長の大石氏は、溝江建設と九州経済産業局の二件が確認されれば国を相手とした行政訴訟を明日の裁判において取り下げることにすると約束した。

こうして七年間にわたる「サテライト日田」問題とそのたたかいの歴史は事実上幕を閉じることとなったのである。私はこの日午後五時、衆議院総選挙の開票所となっていた市役所を避けて日田商工会議所の応接室で市長らを待っていたが、部屋に入ってくるなり、市長は「先生、うまくいった。本当に有難う」と手を握ってくれた。こうして次の日を迎える準備は全て整った。

一一月一〇日——訴えの取り下げ

二〇〇三年一一月一〇日午前一〇時、日田市議会の全員協議会が招集された。二年九ヵ月前に訴訟提起の説明をさせていただいた以来であったが、私も関係者として出席した。この年の七月から室原基樹氏に代わって議長に就任した諫山洋介氏が大声で開会を宣した後、大石市長と日野課長からこの間の経過と、なにゆえに今、政治的解決の方向を選択せざるを得なかったかについて詳しい説明を行った。引き続いて私の方から「弁護団としても大石市長の英断を高く評価し、ここに至るまでのご努力に心から敬意を表したい」と述べた。

水面下交渉の経過とその結果得られた結論を初めて聞かされた市議会議員からは「溝江建設

からの損害賠償はどうなるのか、その場合に日田市はどんな責任が出るのか」「別府が引いたら、久留米競輪などが乗り込んでくる可能性はないのか」「裁判を取り下げてしまうと、不当な国の許可処分はどうなるのか」という質問がなされた。これに対しては市長と私の方から「別府市と溝江建設との話はこれから始められるようだが、日田市には法的責任はない」「日田市民の反対運動を知っているほかの競輪が進出してくるとは考えられない」「国の許可処分は宙に浮いた形になるが、一段落したらその取り消しと自転車競技法第四条の改正を国に要請していくことにする」旨回答したが、これを納得した議員らは、全会一致で市長提案を承認した。七月の選挙によって私が前回訪れた時の市議会議員の半数近くが交替していたが、以前からの顔見知りの何人かが私に近づいてきて「ご苦労さまでした」と声をかけてきてくれた。

そして、同日午後一時、別府市関係者から溝江建設と九州経済産業局への通告が終わったことを確認したうえで、私たち弁護団は、福岡高裁の裁判官室へ向かった。この間の経緯を説明して第二回弁論の進行を打ち合わせるためであった。裁判官三名と中島書記官、国側代理人からは西郷検事ほか九州法務局の職員が顔を揃えた。私は経過報告したあと、訴訟の取り下げは控訴ではなく訴えそのものについて行いたいとの意向を示した。訴えの取り下げということになると、原審判決自体が確定することがないという理由からだった。星野裁判長は、「分かりました。訴訟の取り下げはどんな形でしますか」と問うてきたので、私から「実は、この間の動きを極秘裏に進めてきた関係で、本日午前の別府市の動きを含め事情をきちんと知らされていない市民が大勢傍聴席に来ているので、本日の弁論の中で若干の説明を加えた上で取り下げさせてもらえないか」と要望すると「国側代理人はどうですか」と西郷検事の返事を求めた。西郷検事は「それで結構です。ただ、私だけの判断で本日の取り下げに同意できないので少し時間をほしい」と述べた。そこで私は「できたら、法廷において前向きに同意を検討すると述べてほしい。そして、上司の決済もあるだろうが、早くその書面を出していただきたい」と念を押すと、西郷検事は「趣旨はよく分かりました。そのように努力します」と答えてくれた。

午後一時三〇分、控訴審の第二回弁論が福岡高裁の第五〇一号法廷で開かれた。傍聴席は前回と同様埋め尽くされ、進行も事前の打ち合わせ通りに行われていった。私は取り下げの経過と理由をできるだけ市民に理解してもらえるよう努めたが、傍聴席からは「オー」という声が伝わってきた。最後に発言を求めた大石市長は立ち上がって「私たちの切なる願いを込めた訴えに福岡高等裁判所が真剣に受け止めようとしてくれたことに感謝する。今後私たち日田市は別府市とともにまちづくりに取り組んでいきたい」とのお礼と決意を述べた。閉廷後、福岡県弁護士会館三階大会議室で開かれた報告集会には傍聴者全員と報道関係者が押しかけたが、割れんばかりの拍手でもって、大石市長からの経過報告と訴えの取り下げを了承してくれた。

そして私たち弁護団は次頁の弁護団声明を発表した。

日田市行政訴訟の取り下げについて（弁護団声明）

日田市は、二〇〇一年三月一九日、別府競輪場外車券売場「サテライト日田」の設置を許可した国の行政処分は、憲法の定めた地方自治権に基づく日田市の「まちづくり権」を真っ向から侵害するものとして、その取り消しと無効確認を求めて裁判所に提訴し、現在まで福岡高等裁判所において審理が継続されてきた。

しかし、本日午前、別府市は、溝江建設株式会社に対して日田市において今後別府競輪の場外車券を発売しないことを通告するとともに、国（経済産業省）に対して「サテライト日田」の設置が承認されれば場外車券を発売すると確約した平成一二年二月二五日付書面の撤回を申入れるに至った。このことは、日田市あげて反対してきた「サテライト日田」の設置が断念されたことを意味するものであり、長年にわたる日田市民の真剣かつ粘り強いたたかいの勝利に他ならない。

日田市と弁護団は、憲法を無視した国（経済産業省）の行政処分が違憲・違法なものであることを司法の場において明白に判断されることが何よりも重要であると考えてきたが、「サテライト日田」の設置が事実上実現されなくなった現状を踏まえ、本日、国を相手とした行政訴訟を取り下げることとした。

これまで本件訴訟を温かく支援していただいた全国各地の市民、学者、マスコミ関係者の方々などに深く感謝の意を表するとともに、「まちづくり権」の確立をめざす運動が今後わが国の各地方自治体においてさらに大きく発展していくことを心から期待してやまないものである。

二〇〇三年一一月一〇日

日田市行政訴訟弁護団
弁護士　寺井　一弘
同　中野　麻美
同　藤井　範弘
同　桑原　育朗

別府市に決断させた日田市民の力

当日夜のテレビと翌朝の新聞各紙は一斉に「別府市の日田進出断念」と「訴えの取り下げ」を報じていたが、その中で私は九州経済産業局への報告を終えた後、福岡空港から韓国へ旅立った浜田市長に代わってコメントした大塚助役の「進出には日田市民の強い反対の気持ちが大きかった」という言葉がきわめて印象的でかつ感動的だった。

サテライト日田

別府市が車券販売断念

設置訴訟 日田市取り下げ

大分県別府市が日田市に計画している別府市営競輪の場外車券売り場「サテライト日田」設置問題で、別府市の浜田博市長は十日、設置業者の溝江建設（福岡市中央区）を訪れ、車券販売の断念を申し入れた。これを受け、国に設置許可の取り消しなどを求める訴訟を起こしている日田市は同日、福岡高裁であった控訴審の第二回口頭弁論で訴訟取り下げを申請した。県内の自治体同士の争いに加え、「まちづくり権」をめぐる国と地方の在り方についても注目された裁判は事実上、決着した。

【39面に関連記事】

サテライトは、溝江建設が別府市に賃貸する施設として二〇〇〇年六月に国の設置許可を受けた。しかし、日田市側が「子どもたちに悪影響を「与える」などと官民挙げて反対運動を展開した。

浜田市長は今年四月の市長選で、サテライト計画を進めた前職を破って初当選した後、「トップ同士の話し合いで解決したい」と車券販売を断念する意向を表明。浜田市長と日田市の大石昭忠市長は九日、会談し、訴訟取り下げと車券販売断念で合意した。別府市は十日、国に提出していた場外車券の発売確約書も撤回した。

浜田市長は「二年前にサテライト関連予算が市議会で否決されており、議会の意思、市民の思いに反して進出を強行すべきでない、と判断した。大分県の代表的な観光都市である両市の紛争を継続させてはいけない」とのコメントを出した。

九州では、福岡市の福岡ドームに佐賀競馬場の場外馬券売り場を設置する計画が昨年五月、住民の署名運動で中止された。鹿児島県東市来町や福岡県杷木町などでも場外舟券売り場設置反対運動が起き、計画が取りやめられた。

ワードBOX　サテライト日田問題

1997年7月、福岡市の溝江建設がサテライト日田の設置許可を通産省（現・経済産業省）に申請し、許可された。大分県日田市は01年3月、ほかの公営ギャンブルと異なり、経産相が地元自治体の同意なしにサテライト設置許可を出せる自転車競技法は「自治権を保障した憲法に違反」として国を提訴。「個人は地域社会で『まちづくり』の権利を持ち、地方自治体は、その権利を行使できる」と主張したが、大分地裁は今年1月「原告適格を欠く」として却下。日田市は「地方分権に逆らう判決」と福岡高裁に控訴していた。

『西日本新聞』2003年11月11日

「サテライト日田」設置に終止符

大石日田市長に聞く

別府競輪の場外車券売り場「サテライト日田」をめぐり、裁判闘争にまで発展した自治体同士の紛争は、別府市が設置を断念し、日田市が国を相手に設置許可処分の無効確認などを求めた訴えを取り下げることで終止符を打つことになった。市民の先頭に立って反対運動をしてきた大石昭忠日田市長に話を聞いた。

サテライト問題で話す大石日田市長

市民の思い伝わった
別府市の決断に感謝する

―これまでを振り返り、解決までこぎ着けた感想を。

計画が明るみになって以降、市民の「設置されては困る」という、強い思いがあった。二年半にわたって裁判が続いたが、力を結集して運動を続けることができた。設置断念は浜田博別府市長をはじめ、別府市民に日田市民の思いが伝わった結果。決断に感謝したい。

―最も苦しかった時期は。

二〇〇〇年十二月別府市議会でサテライト日田関連予算案が提案されたときが最も切羽詰まっていた。この時、日田市民と別府駅前通りをデモ行進した。中心部のギャラリーで「自然豊かな文教都市・日田市の写真展」を開く案もあった。あの手、この手を考えていた。

―関連予算案が否決された臨時別府市議会の前に、当時の別府市議一人ひとりに手紙を送ったと聞いたが。

可決されるという見方が強かった。文章で「日田市への設置を容認しないでほしい」と訴えるとともに、たくさんの車が止まっている建設予定地の駐車場の航空写真も手紙に添えた。あれで考えを変えてくれた議員もいたと思う。

―流れの変化を感じたのは。

浜田市長が誕生した際、すぐに会談した。それまで別府市は「当事者ではない」という姿勢だった。浜田市長は一貫して「裁判の推移を見ながら対応を決めたい」という姿勢で、断念してくれるのではないかと期待し、信用もしていた。

―今後は。

これを機会に、さらに日田市らしい町づくりを推進する。サテライトに関しては、別府市と協力できることがあれば可能な限り協力していきたい。

『大分合同新聞』2003年11月16日

別府市の責任者からこのような言葉を引き出すほど、この七年間にわたる日田市民の運動はきわめて真剣で粘り強く、人々の心を打ち続けるものがあった。そして浜田市長名で出された記者クラブへのコメントには、「これ以上、紛争を継続させることは、両市の発展にとって不幸である。今回の決断が両市発展の礎となり、両市の交流を活性化させるよう努めていきたい」と記されており、これを聞いた大石市長も記者会見場で「海と山の温泉観光都市の別府と日田が今後手を携えて、まちづくりと大分県の発展のために尽くしていけることは何よりも嬉しい」と述べていたが、私はこの両氏のコメントに接しながら、溢れ出る涙を止めることができなかった。

「サテライト日田」設置を許可した二〇〇〇年六月七日の国の許可処分そのものの無効確認と取り消しを裁判所において勝ち取ることができなかったが、日田市民と別府市民は国の強引な決定と裁判所の引け腰の姿勢を横目に見ながら、実に逞しく自らの力で地域に生きる現場から「まちづくり権」という大きな河が滔々と流れていることを実証して見せたのである。

日田市民は自らがこよなく愛して誇っている「水郷日田」の象徴の三隈川を毎日見ながら、これからさらに新しい「まちづくり」に挑戦していくに違いない。

裁判の終結を浜田博別府市長（右）に報告する大石市長（毎日新聞社提供）

訴訟取り下げの記者会見

エピローグ

二〇〇三年一二月一六日午後七時、日田市役所七階の大会議室で「サテライト日田裁判報告市民集会」が開かれた。別府市が未だに溝江建設との事後清算ができていないこともあり、大々的な集会をやって報道されたら同市を必要以上に刺激することになりかねないという配慮から、市役所幹部と民間各団体の代表者にしか声をかけなかったということだったが、市長と一緒に会場に入った時にはすでに椅子は埋め尽くされ、日野課長の話では一三〇名以上が来ているということだった。

まず、大石市長と市議会議長が挨拶、続いて日野課長が「サテライト日田問題の経過と到達点」と題して約三〇分間基調報告を行った。さすがに郷里日田を愛し、この「サテライト闘争」に終始一貫して取り組んできただけに、内容の正確さはもとより、話に魂がこもっていて聞く者をして感動させるに十分であった。

そのあと司会者の黒木係長に促されて私も一言挨拶させられたが、特に伝えたいこととして二点を述べさせていただいた。それは「縁を得てこの裁判に携わることになり、三年間にわたって日田市に通い続けて感じたのは、日田市が素晴らしいまちであって、そこに住む市民の一人一人が素敵な人間であったことであり、きっとこれから長崎に次いで私の第二のふるさとになるであろう」、そして「今や、国を訴えた日田市訴訟は同じ問題をたたかっている全国各地の人々、マスコミ、行政法学者などの間で大きな話題となりつつある。『まちづくり権』を初めて世に問題提起した日田市民の皆様はこれからも大きな誇りを持ってまちづくりに励んでほしい」ということだったが、それから一ヵ月近く経った今になってもその気持ちは全く同じである。

そして集会の最後に七年間にわたってこの運動をリードしてきた反対連絡会の武内代表が「我々のたたかいの道のりは長く苦しいこともあったが、日田市民心を一つにしてのたたかいでここまで辿りつくことができた。限りない喜びをもって民間一七団体からなる反対連絡会の解散を宣言させていただきたい」と声高らかに叫んだ。一昨年の秋に愛妻キヨ子さんを病気で亡くしながらもその悲しみを超えてたたかってきた者にしか語れない迫力あるものであった。

私たちは、参加者一人一人との手が痛くなるほどの握手を終えたあと、ささやかな慰労会をするため市内のお寿司屋さんに足を運んだ。乾杯のあと、出席者一同からあたかも申し合わせていたかの如く話が出たのが、この「サテライト日田のたたかい」の出版の件であった。まちづくりは、そこに住む市民自身が担っていく権利があるという「まちづくり権」の提唱とそれを支えた日田市民の運動をまとめておく必要がある、と皆が強調したのである。

私も賛意を表したあと、「それは大石市長自らが書き下ろすべきだ」と強く勧めたが、市長は「今、市町村合併問題などの公務が忙しく、とてもそんな時間はとれない」と固辞し続けた。すると、諌山市議会議長が「それでは、ここは一つ寺井先生に一肌脱いでもらおう」と言い出した。この諌山氏は、議長就任前、「JA大分ひた」の組合長を経験し、現在は高校野球で有名な「日田林工高校」の同窓会会長も務めているということだったが、その人柄は豪放磊落そのものであった。報告集会の際、日野課長と私の話を聞きながら人目をはばからず、ハンカチを取り出して号泣したほどの情熱家でもある。最後には、「本の販売の方はわしが中心になって頑張るから、とにかく早く出版を仕上げてくれ」と詰め寄ってくる始末で、これを横目で見ていた大石市長、日野課長、それに武内会頭までもが「それがいい、それがいい」とはやしたてられてしまってはもはや断わる余地が全くないほどであった。これが、この書籍を私が著わすことになった顛末である。

妙な責任感とせっかちな性格な私は、そうと決まった以上は「鉄は熱いうちに打て」ではないが、できるだけ早い方がよいと考え、東京に戻ってから間もなく資料の整理と全体の構想を練り、今年の正月休みをその執筆に充てた。もとより私自身は、日田市における壮大なたたかいの当事者でも、専門的な研究者でもなく、かつまことに限られた時間の中での作業であったため、原稿の出来栄えには全く自信が持てないが、日田市の運動の経過と問題提起を熱の冷めないうちに皆様方にお伝えする役目だけは果たせたのではないかと思っている。

この本の出版にあたっては日田市行政訴訟も含めて実に多くの方々のお世話になったが、特に日田市の大石昭忠市長、日野和則課長、黒木一彦係長、五藤和彦主任、市議会の室原基樹前議長、諌山洋介現議長、商工会議所の武内好高会頭、佐々木栄真専務はじめ日田市民の皆様、木佐茂男、白藤博行、人見剛、村上順の各教授はじめ多くの行政法学者の先生方、楢原義則氏ほか日田記者クラブの方々、そして花伝社の平田勝社長、最後にわが日田市訴訟弁護団の中野麻美、藤井範弘、桑原育朗の各弁護士と、この裁判をずっと縁の下で支え、私の一二万字に及ぶこの原稿を快くワープロに打ち続けてくれた当事務所の肥留間奈緒美、尾崎ゆかりの両女史に深甚の感謝の意を捧げさせていただく次第である。

二〇〇四年一月一〇日

「サテライト日田」問題の年表

一九九六年	
五月	溝江建設、九州商産局に対して、場外車券売場に関する事務手続きを問い合わせる
六月	「サテライト日田」設置予定周辺の四自治会長が溝江建設に「同意書」を提出
七月　八日	別府市長と溝江建設、「サテライト日田」進出協議
九月三〇日	別府市職員、日田市役所を訪れ、「サテライト日田」進出計画を伝える
一〇月　一日	日田市役所幹部会議で「反対」の結論
一二月一一日	大石市長、日田市議会で「サテライト日田は日田市のまちづくりにふさわしくない」と表明
一二月一八日	日田市民間一五団体、「反対決議書」を市長と市議会議長に提出
一二月二〇日	日田市議会本会議で「公営競技の場外車券売場の設置に反対する決議」を全会一致で採決
一九九七年	
一月一三日	大石市長、通商産業大臣に「サテライト日田」設置に反対する要望書を提出

七月三一日　溝江建設、九州通産局に「サテライト日田」設置許可申請書を提出
八月二〇日　大石市長、溝江建設と別府市に対して、設置申請の撤回を求める
八月二八日　大石市長、九州通産局に対して申請を許可しないよう要請
九月　五日　大石市長、通商産業省機械情報産業局に対して「設置反対」を陳述
九月一九日　日田市、国への第一回陳情
一〇月　二日　日田市教育委員会、「サテライト日田」設置反対要望書を九州通産局に提出
一〇月一七日　日田市陳情団一二名が別府市に進出断念を要請
一〇月三〇日　設置予定周辺の四自治会長、「サテライト日田」設置賛成の「同意書」を撤回
一一月　五日　「同意書」の撤回、九州通産局に送付
一二月　五日　「サテライト日田設置反対女性ネットワーク」、別府市に対して設置をとりやめる要望書を提出

一九九八年

一月二六日　「サテライト日田設置反対連絡会」、加盟団体が増え一七団体に
二月一〇日　日田市、九州通産局と協議
二月一六日　日田市、通商産業省と協議
五月二一日　日田市、九州通産局と協議

一〇月　一日　日田市、別府市と協議（別府市は日田市進出のスタンスは変わらないと表明）
一〇月二〇日　日田市、別府市と協議
一〇月二九日　日田市、別府市と協議
一一月一二日　日田市、九州通産局と協議
一一月一三日　日田市、別府市と協議
一一月二五日　「サテライト日田設置反対連絡会報告会」開催

一九九九年
一月二五日　日田市、九州通産局と協議（日田市の状況説明と別府市の再考要請）
六月　二日　日田市、九州通産局と協議
七月一一日　日田市長選挙で大石氏二期目の当選
一一月二二日　日田市、九州通産局と協議（九州通産局は「本省の判断待ちである」と語る）
一一月三〇日　日田市、通商産業省機械情報産業局車輌課長と協議

二〇〇〇年
五月一九日　日田市、「サテライト日田設置反対連絡会」に経過説明
五月二六日　大石市長、日田市議会に経過説明

五月二六日	日田市、九州通産局と協議（九州通産局は「本省の動きについては全くわからない」と語る）
六月　七日	通商産業大臣、突如「サテライト日田」設置を許可
六月一二日	大石市長、室原日田市議会議長、別府市に対して「サテライト日田」車券販売反対の要望書を提出
六月一三日	大石市長、「サテライト日田設置反対連絡会」で経過説明
六月一四日	「サテライト日田設置反対連絡会」、別府市議会を傍聴
六月二七日	日田市議会、「日田市公営競技の場外車券売場設置等による生活環境等の保全に関する条例」を制定
七月　三日	溝江建設社長、日田市を訪問して設置許可の報告を行う（大石市長は「計画断念を求める」と要望したが、社長は「断念するつもりはない」と言明）
七月一八日	「サテライト日田設置反対連絡会集会」、五万人署名運動達成を確認
八月　七日	「サテライト日田」設置反対署名五万五七〇人分を別府市長、市議会議長に手渡す
九月一五日	溝江建設、「サテライト日田」現地説明会を開催（日田市からの出席者は皆無）
一〇月二四日	「べっぷ市報一一月号」で、「日田市の対応について」を掲載
一一月　七日	日田市、別府市に「べっぷ市報の記事は誤まりなので訂正せよ」との内容証明付の通告書を送付

一二月　四日　溝江建設、「サテライト日田」起工式
一二月　六日　大石市長、「西新宿競輪施設誘致反対の会」と意見交換
一二月　九日　大石市長ら日田市民、別府市内でデモ行進
一二月二九日　大石市長、リベルテ法律事務所の寺井弁護士を訪問

二〇〇一年

一月　七日　TBS、「サテライト日田」問題を特集
一月一九日　大石市長、日田市議会各派代表者会議において、国（経済産業大臣）相手の行政訴訟を行うと表明
二月　五日　日田市、別府市に対して「べっぷ市報記事訂正を求める訴訟」を提起
二月　八日　別府市議会、「サテライト日田」設置案連予算案を否決
二月二〇日　日田市議会全員協議会で大石市長と寺井弁護士が国に対する行政訴訟事件提起の趣旨を説明
二月二三日　日田市議会、国（経済産業大臣）の「サテライト日田」設置許可処分の無効確認と取消しを求める訴訟提起を全会一致で承認
三月一九日　日田市、国(経済産業大臣)に対する行政訴訟を大分地方裁判所に提訴
五月　八日　行政訴訟事件（原審）第一回口頭弁論

七月　三日	行政訴訟事件（原審）第二回口頭弁論
八月　八日	日田市、経済産業省に設置許可の取消要望書を提出
八月二九日	別府市、九月定例市議会への「サテライト日田」関連予算案の提出見送りを表明
九月一一日	行政訴訟事件（原審）第三回口頭弁論
九月一一日	「サテライト日田設置反対市民懇談会」開催
一一月　六日	行政訴訟事件（原審）第四回口頭弁論
一二月二七日	「公正な裁判を求める署名」五万三九一八名分を大分地方裁判所に提出
二〇〇二年	
一月二九日	行政訴訟事件（原審）第五回口頭弁論
三月二六日	行政訴訟事件（原審）第六回口頭弁論
五月二一日	行政訴訟事件（原審）第七回口頭弁論
六月二五日	九州大学木佐行政法ゼミ、『〈まちづくり権〉への挑戦』を出版
七月一六日	大分地裁に七人の陳述書提出
七月二二日	「サテライト日田」設置反対市民集会
七月二三日	行政訴訟事件（原審）第八回口頭弁論（証人尋問と現地調査を申請）
一〇月　一日	行政訴訟事件（原審）第九回口頭弁論（審理打ち切り）、裁判官忌避申立

一一月一九日　日田市、別府市相手の「市報記事訂正を求める訴訟」で勝訴
一一月二五日　大石市長、「豊島区サテライト反対シンポジウム」に出席

二〇〇三年

一月二八日　行政訴訟事件（原審）判決（日田市には「原告適格なし」で却下）直ちに福岡高等裁判所に控訴
四月一八日　行政訴訟事件（控訴審）の控訴理由書を提出
四月二七日　統一地方選挙で別府市長に浜田博氏当選
五月　二日　大石市長、浜田新別府市長を訪問
五月一九日　大石市長、地方制度調査会会長諸井虔氏と会談
六月二三日　行政訴訟事件（控訴審）第一回口頭弁論
七月一三日　日田市長選挙で大石氏三期目の当選
七月三一日　大石市長、寺井弁護士らと政治的決着問題で会合
八月二六日　日田市の政治的折衝本格化
一〇月三〇日　事務協議、解決に向けて大筋合意
一一月　九日　日田、別府の両市長、湯布院にて和解
一一月一〇日　大石市長、日田市議会にて経過報告

一一月一〇日	別府市、溝江建設と経済産業省に「サテライト日田」設置断念を通知
一一月一〇日	行政訴訟事件（控訴審）第二回口頭弁論にて訴えの取り下げ
一二月一六日	「サテライト日田裁判」報告市民集会

寺井一弘（てらい　かずひろ）

弁護士（東京弁護士会所属）　リベルテ法律事務所所長

1970年　弁護士登録
1989年　日本弁護士連合会常務理事
1995年　東京弁護士会副会長
1995年　関東弁護士連合会常務理事
1996年　日本弁護士連合会刑事弁護センター委員長
1997年　日本弁護士連合会米国刑事司法制度視察調査団団長
1998年　日本弁護士連合会事務総長
1998年　司法試験管理委員会委員
2002年　日本弁護士連合会司法改革実現本部副本部長

著書　『西欧諸国の法曹養成制度』日本評論社
『刑事弁護の技術』第一法規
『アメリカの刑事弁護制度』現代人文社　（いずれも共著）

まちづくり権——大分県・日田市の国への挑戦——

2004年3月18日　初版第1刷発行

著者 —— 寺井一弘
発行者 — 平田　勝
発行 —— 花伝社
発売 —— 共栄書房
〒101-0065　東京都千代田区西神田2-7-6 川合ビル
電話　03-3263-3813
FAX　03-3239-8272
E-mail　kadensha@muf.biglobe.ne.jp
URL　http://www1.biz.biglobe.ne.jp/~kadensha
振替 —— 00140-6-59661
装幀 —— 澤井洋紀
印刷・製本 — 中央精版印刷株式会社

ISBN4-7634-0418-0　C0036